U0618320

光明社科文库
GUANGMING DAILY PRESS:
A SOCIAL SCIENCE SERIES

·经济与管理书系·

碳汇林价值评价及其实现路径研究：
以广东为例

方小林 ｜ 著

光明日报出版社

图书在版编目（CIP）数据

碳汇林价值评价及其实现路径研究：以广东为例 /
方小林著 . -- 北京：光明日报出版社，2022. 11

ISBN 978 - 7 - 5194 - 6917 - 7

Ⅰ . ①碳… Ⅱ . ①方… Ⅲ . ①林业经济—经济建设—
研究—广东 Ⅳ . ①F326. 276. 5

中国版本图书馆 CIP 数据核字（2022）第 214302 号

碳汇林价值评价及其实现路径研究：以广东为例
TANHUILIN JIAZHI PINGJIA JIQI SHIXIAN LUJING YANJIU：YI GUANG-
DONG WEILI

著　者：方小林

责任编辑：刘兴华　　　　　　　　责任校对：乔宇佳
封面设计：中联华文　　　　　　　　责任印制：曹　净

出版发行：光明日报出版社

地　　址：北京市西城区永安路 106 号，100050

电　　话：010 - 63169890（咨询），010 - 63131930（邮购）

传　　真：010 - 63131930

网　　址：http：// book. gmw. cn

E - mail：gmrbcbs@ gmw. cn

法律顾问：北京市兰台律师事务所龚柳方律师

印　　刷：三河市华东印刷有限公司

装　　订：三河市华东印刷有限公司

本书如有破损、缺页、装订错误，请与本社联系调换，电话：010-63131930

开　　本：170mm×240mm

字　　数：161 千字　　　　　　印　　张：15

版　　次：2023 年 5 月第 1 版　　印　　次：2023 年 5 月第 1 次印刷

书　　号：ISBN 978 - 7 - 5194 - 6917 - 7

定　　价：95. 00 元

版权所有　　翻印必究

序

为减缓全球气候变暖，保护人类生存环境，1997年联合国气候变化公约参加国第三次会议通过了《京都议定书》，首次为41个工业化国家规定了具有法律约束力的温室气体减限排目标。为了实现减限排目标，采用低成本方式固定二氧化碳排放量，亚洲、非洲、北美洲和拉丁美洲的许多国家开展了清洁发展机制（Clean Development Mechanism，CDM）森林碳汇项目。中国从2004年开始分别在广西、内蒙古、四川、河北、山西、云南和辽宁等地启动森林碳汇项目试点，营造碳汇林；中国广东省于2008年由中国绿色碳汇基金会投资在龙川县和汕头市潮阳区进行碳汇林建设，造林400公顷，用于吸收人类活动向大气中排放的二氧化碳。广东碳汇林营造之后，有哪些价值，应该如何科学地进行评价，以及在经营管理过程中，广东碳汇林价值的实现受到哪些因素的干扰和怎样解决，这些是本书所要重点研究的问题。

本研究在分析广东碳汇林现状的基础上，按照"广东碳汇林的价值构成—广东碳汇林价值评价—广东碳汇林价值实现"的逻辑思路展开研究。首先在系统梳理相关文献与理论的基础上，构建广东碳汇林价值评价的指标体系；继而对广东碳汇林价值进行计量，运用干扰理论对广东碳汇林价值实现的影响因素进行分析，进一步提出实现广东碳汇林的价值的相关路径。文章的主要内容与结论如下：

本书从广东碳汇林建设现状出发，分析了广东碳汇林的特点。广东碳汇林是国内企业出于自愿行为营造的生态公益林，属于非京都规则项目。同时对广东碳汇林建设进行了总体评价，认为广东碳汇林建设是响应国际社会行动、地方林业生态建设和地方经济可持续发展的需要。它的发展机遇主要有广东省政府的高度重视和雄厚的造林技术力量，其面临的挑战主要是碳汇林的管理能力需要进一步提高和森林火灾防控能力有待加强等，指出广东碳汇林必须抓住机遇和迎接挑战才能获得长足的进展。

　　本书综合运用频度分析法、专家咨询法和层次分析法等方法，构建了广东省碳汇林综合价值评价指标体系，包括目标层、状态层和指标层三层，共计有碳汇价值、生态价值、经济价值和社会价值4类19项指标。状态层和指标层这些指标的权重通过采用层次分析法建立判断矩阵进行确定，状态层指标中碳汇价值、生态价值、经济价值和社会价值所占权重分别为0.5240、0.2620、0.1070和0.1070，指标层指标在总体评价中的总权重排在前三的分别是固定二氧化碳价值、木材生产价值和就业增加价值，其权重分别为0.5240、0.08025和0.0486，占总权重的0.65285。

　　在建立评价指标体系和赋予指标权重的基础上，运用直接市场法、替代市场法和意愿调查法等方法对广东碳汇林的综合价值进行计量，其值为，在二十年的项目期内，广东碳汇林共计产生219106.1万元的总价值，其中碳汇价值为207631.9万元，生态价值为11049.93万元，经济价值为395.15万元，社会价值为29.13万元；通过采用模糊数学中的隶属度赋值的思想将定性指标量化并赋值建立隶属度矩阵，对广东碳汇林宏观价值进行模糊评价，模糊评价的分数为81.62154，表明广东碳汇林所产生的价值是可观的，是得到专家认可的。

　　但是在实践过程中，广东碳汇林综合价值的实现受到许多干扰因素的影响。运用干扰理论分析得出，影响广东碳汇林价值实现的干扰因素主要有自然干扰和人为干扰。自然干扰包括土壤养分低、树种结构不合理和林地杂草多等内源性干扰和火灾、病虫害等外源性干扰；人为干扰主要来自林业局、护林员和公众三个方面，主要表现在林农参与意识差、护林员管护能力有待提高和造林模式单一等方面。

基于以上分析，本书探讨了能够最大限度地实现广东碳汇林综合价值的有效途径，提出采用管理学中的 PDCA 循环模型加强对广东碳汇林的管理，最大限度地降低干扰因素的影响。按照这种理论，通过广东碳汇林质量管理计划的制订、执行和检查等步骤，不断循环，提高广东碳汇林的管理水平，更好地实现广东碳汇林的价值。

目　录
CONTENTS

第一章 导论

一、研究背景

（一）国际背景

1. 全球气候变暖危害严重

自 1860 年以来，矿物燃料燃烧及小工业源（如水泥生产等）向大气输入的二氧化碳正以每年约 4% 的速度呈指数递增，从 1950—1987 年，因矿物燃料燃烧和水泥生产等排放的二氧化碳已累计达到 200Gt 碳 ±10%（袁嘉祖、范晓明，1997）。由于人类活动的影响，科学家预计在 21 世纪中期二氧化碳等温室气体将达到工业革命前的两倍。

研究结果表明，大气中温室气体排放量的增加产生温室效应，引起地球温度上升。全球气候变暖的危害极其严重。第一，地球温度的升高，直接结果是使地表上的冰雪融化，雪地和冰川缩小，海平面上升。据 IPCC（Intergovernmental Panel on Climate Change，世界气象组织）最合理的估计，从 1990 年到 2100 年，海平面将上升 49 厘米左右，许多海平面比较低的岛国将面临灭顶之灾。第二，地球温度的上升使农作物生长缓慢，导致作物减产和无收。威廉姆·克林尼（William Cline，1992）分析了在温室气体照常排放构想下全球变暖引起的美国经济损失达620亿美元，占其GDP的1%。第三，地球温度的上升导致人类和动物患上许多奇异的疾病。

因此，由于温室效应而引起的地球气候变暖的影响是十分广泛而深刻的，它不仅是一个全球性的生态问题，也是一个涉及经济、政治、社会、文化、资源等方面的国际问题，其严重后果已引起社会各界人士的关注，国际性的各种研讨活动十分频繁。

2.《联合国气候变化框架公约》及《京都议定书》相关协议的签署

大气中温室气体浓度增加引起全球环境变化，严重威胁着人类生存。为缓解全球气候变暖，保护人类生存环境，国际社会采取了一系列缓解全球变化的行动。1992年6月在巴西里约热内卢召开的联合国环境与发展大会上正式签署了《联合国气候变化公约》（UNFCCC，以下简称《公约》），《公约》强调了森林作为温室气体汇和库的作用和重要性，并要求以可持续方式管理森林，以维护和提高其作为温室气体汇和库的能力，目标是"将大气中温室气体的浓度稳定在防止气候系统受到危险的人为干扰的水平"（UNFCCC，1992）。

为了履行《公约》制定的目标，1997年12月在日本京都召开的《公约》第3次缔约方大会（The Third Conference of Parties，COP3）上，通过了一项具有法律约束力、有明确数量和时间限制的温室气体排放协议，即《京都议定书》。《京都议定书》规定在第一承诺期（2008年至2012年），发达国家的二氧化碳等6种温室气体的排放量将在1990年的基础上平均减少5.2%。为帮助《京都议定书》附件Ⅰ中的国家实现温室气体减排目标，降低全球温室气体减排成本，《京都议定书》引入了三种灵活的国际合作机制，即联合履约机制（Joint Implementation，JI）、清洁发展机制（Clean Development Mechanism，CDM）、排放权交易机制（Emission Trading，ET）。其中，JI 和 ET 针对发达国家，只有 CDM 是唯一涉及发展中国家的"灵活机制"（张小全、李怒云、武曙红，2005；武曙红，2006）。清洁发展机制（CDM）规定，该议定书附件Ⅰ中的国家可以通过在发展中国家进行既符合发展中国家可持续发展政策要求，又能产生温室气体减排效果的项目投资，以此换取投资项目产生的部分和全部温室气体减排额度，作为其履行减排义务的组成部分。

3.《京都议定书》之后的森林碳汇主要谈判进程

《京都议定书》通过之后，《联合国气候变化框架公约》的缔约方每年都要举行一次公约缔约方大会（COP 会议），就森林碳汇相关问题进行谈判，达成一系列协议，具体情况见表 1.1。

表 1.1 国际气候谈判进程

时间	公约缔约方会议（COP）	谈判成果
1995 年	COP1 柏林	通过《柏林授权》
1996 年	COP2 日内瓦	通过《日内瓦宣言》
1997 年	COP3 东京	通过《京都议定书》
1998 年	COP4 阿根廷	通过《布宜诺斯艾利斯行动计划》
1999 年	COP5 波恩	未取得重要进展
2000 年	COP6 海牙	未取得重要进展
2001 年	COP6 波恩续会	达成《波恩政治协议》
2001 年	COP7 摩洛哥	达成《马拉喀什协定》

续表

时间	公约缔约方会议（COP）	谈判成果
2002 年	COP8 新德里	通过《德里宣言》
2003 年	COP9 米兰	通过造林再造林模式和程序
2004 年	COP10 阿根廷	通过简化小规模造林再造林模式和程序

资料来源：根据联合国气候变化框架公约缔约方大会记录整理

4. 后京都时代

2005 年 2 月，旨在减少全球温室气体排放的《京都议定书》在经过坎坷的政治谈判、七年多的漫长等待后终于正式生效。《京都议定书》生效是人类社会应对全球气候变化挑战的第一步，这标志着人类关于气候问题的努力进入"后京都时代"。《京都议定书》第三条第九款明文规定，公约缔约方会议应至少在"第一个承诺期结束之前七年开始审议"后续承诺问题。这就意味着，后京都国际气候协定的谈判，最迟应于 2005 年启动（潘家华，2005），历年气候谈判结果见表 1.2。

表 1.2　后京都气候谈判

时间	公约缔约方会议	谈判成果
2005 年 11 月	COP11 加拿大蒙特利尔	蒙特利尔路线图
2006 年 11 月	COP12 肯尼亚内罗毕	内罗毕工作计划
2007 年 12 月	COP13 印度尼西亚巴厘岛	巴厘路线图
2008 年 12 月	COP14 波兰波兹南	启动"适应基金"
2009 年 12 月	COP15 丹麦首都哥本哈根	哥本哈根协议
2010 年 12 月	COP16 墨西哥坎昆	坎昆协议
2011 年 12 月	COP17 南非德班	德班一揽子决定

资料来源：根据联合国气候变化框架公约缔约方大会记录整理

（二）国内背景

1. 我国政府对林业建设的重视

我国从中华人民共和国成立之初就非常重视林业的建设，制定了一系列的发展林业的政策，开展了许多保护生态环境的工程，把发展林业作为实现科学发展的重大举措、建设生态文明的首要任务、应对气候变化的战略选择。20 世纪 90 年代后期以来，随着可持续发展和西部大开发战略的实施，林业被视为经济和社会可持续发展的重要基础和生态建设最根本、最长期的措施，得到国家更进一步的重视。

2011 年，胡锦涛在首届亚太经合组织林业部长级会议上针对亚太区域林业发展与合作强调："应该把林业发展纳入经济社会发展总体布局，完善林业政策，增加资金投入"，同时强调，中国将继续加快林业发展，力争到 2020 年森林面积比 2005 年增加 4000 万公顷、森林蓄积量比 2005 年增加 13 亿立方米，为绿色增长和可持续发展做出新的贡献。中国将继续通过亚太森林恢复与可持续管理组织，为亚太经合组织发展中成员提供力所能及的支持。

2. 我国政府积极参与应对气候变化的国际合作项目

在全球环境持续恶化、发展问题更趋严重的情况下，我国政府十分关注气候变化方面的国际谈判进展，并积极参与国际合作项目，主动承担一个发展中国家应尽的责任。

2005 年《京都议定书》生效后，我国政府积极参与"后京都时代"关于承诺期的谈判，并推动相关协议的产生，使《京都议定书》不至于破产。

2009 年 12 月的哥本哈根气候变化峰会上中国政府首次宣布温室气体减排清晰量化目标——到 2020 年单位 GDP 二氧化碳排放比 2005 年下降 40%—45%，为推动哥本哈根气候变化大会取得成果做出了重要贡献，同时中国政府为促进应对气候变化国际合作做出的积极努力受到国际舆论的赞扬。

2010 年应邀参与墨西哥坎昆气候变化大会，会议通过了两项应对气候变化决议，推动气候谈判进程继续向前，向国际社会发出了积极信号。

2011 年 12 月德班气候大会上，加拿大、日本等发达国家坚决抵制《京都议定书》第二承诺期，使得会前各界对第二承诺期预期悲观，但在中国、印度等为代表的发展中国家的坚持下，德班会议延续了《京都议定书》的使命。会议决定，《京都议定书》第二承诺期要在 2012 年卡塔尔举行的联合国气候变化大会上正式被批准，并于 2013 年开始实施。

3. 我国二氧化碳排放现状

改革开放以来，我国在经济发展取得显著成效的同时，出现了资源消耗、碳排放增加等问题。

从总量上看，根据国际能源署的数据，伴随着能源消费总量的扩张，2007 年中国化石能源燃烧排放的二氧化碳排放总量达到 60.3 亿吨，超过美国 2.6 亿吨，比欧盟 27 国的排放总量高出 1/3，占全球总量的 20.8%，中国在总量上已成为二氧化碳排放大国。二氧化碳排放总量从 1978 年的 $148329 \times 10^4 t$ 增加到 2008 年的 $689654 \times 10^4 t$，年均增长 5.3%（金三林，2010）。科学预测表明，到 2025 年前后，中国的二氧化碳排放总量可能超过美国，居世界第一位。

从排放强度看，由于技术和设备相对陈旧落后，能源消费强度大，我国单位 GDP 的温室气体排放量也居世界前列，我国二氧化碳排放强度明显高于国际水平。人均二氧化碳排放量从 1978 年的 1.5t/a 增加到 2008 年的 5.2t/a，按汇率法和不变价美元计算，2008 年我国万美元为单位二氧化碳排放量为 26.5t，是世界平均水平的 3.4 倍，是日本的 9.8 倍、德国的 6.5 倍、巴西的 5.2 倍、美国的 4.8 倍、印度的 1.5 倍。从动态来看，2003—2008 年我国二氧化碳排放强度下降了 3.6%，也低于日本、德国、美国和印度。

（三）问题的提出

中国从 2004 年开始分别在广西、内蒙古、四川、河北、山西、云南和辽宁等地启动森林碳汇项目试点，营造碳汇林；我国广东省于 2008 年由中国绿色碳汇基金会投资在龙川县和汕头市潮阳区进行碳汇林建设，造林 400 公顷，用于吸收人类活动向大气中排放的二氧化碳。广东碳汇林营造之后，有哪些价值，应该如何科学地进行评价，以及在经营管理过程中，广东碳汇林价值的实现受到哪些因素的干扰和怎样解决，是本书所要重点研究的问题。

二、国内外研究进展

（一）森林碳汇的国内外研究进展

1. 森林碳汇的研究历程

国际上对于森林碳汇问题的研究起步于 20 世纪 60 年代中后期，国际科联（International Council for Science，ICSU）执行的国际生物学计划（International Biological Program，IBP）是全球性陆地森林生态系统碳蓄积研究的开端。1972 年联合国教科文组织开展的人与生物圈计划（Man and Biosphere Programme，MAB）则是 IBP 计划的发展和延续，之后欧洲各国以及加拿大、美国、苏联、巴西等国都分别进行了区域森林生态系统的碳平衡及其与全球碳循环之间关系的研究。当时对森林碳汇研究主要集中在自然科学领域，研究内容包括森林参与大气碳循环方式、森林碳汇对于大气的净化作用、森林吸收二氧化碳量计算模型、不同的森林类型吸收二氧化碳差异研究等。而对于森林碳汇的经济价值和贸易问题研究几乎处于空白状态。直到 20 世纪 90 年代末期，随着《京都议定书》的出台和签署，森林碳汇进入议定书规定的清洁发展机制（CDM）后，森林碳汇所蕴藏的巨大经济利益和巨大商机才被国际社会重视，关于森林碳汇的经济问题、贸易问题研究迅速发展并成熟起来（李顺龙，2005）。

2. 森林固碳成本

为了给政策制定者提供森林碳汇对减缓温室效应的贡献及其减

排成本，许多研究人员对森林固碳成本进行了分析，以说明森林碳汇对减缓气候变化的潜在影响。森林固碳成本不是固定不变的，其变化范围一般认为是 1—8 美元 / 吨碳，在一些热带发展中国家，森林固碳成本为 0.3—10 美元 / 吨碳（IPCC，2007）。G. 科内利斯·范库腾等（G. Cornelis van Kooten et al.，2009）运用建立的一元回归模型分析得出森林碳汇成本为 210—460 美元 / 吨碳（58—125 美元 / 吨碳），并且认为如果考虑土地的机会成本，森林碳汇成本将增加大约 30 美元 / 吨碳。阿图罗·巴尔德·托瑞斯等（Arturo Balderas Torres et al.，2010）使用墨西哥的瓦哈卡和恰帕斯州 Scolel Té 项目的数据发现森林碳汇成本呈 "U" 形，刚开始由于规模经济的存在森林碳汇成本下降，然后由于机会成本的存在而逐渐上升。

关于通过造林和再造林等措施增加森林吸收二氧化碳量来抵销工业二氧化碳排放量这种方法与减少排放源（减少能源消耗或工业生产）、进行技术改造或者技术回收处理二氧化碳的成本比较，欧洲科学家研究计算表明（陈根长，2003）：通过造林获得二氧化碳减排权比直接二氧化碳减排的成本要低很多，前者只有后者的 1/30 左右，更主要的是这种方法不会对现有的经济发展模式、发展速度造成太大的负面影响（郗婷婷、李顺龙，2006）。在 20 世纪 90 年代中后期所进行的 AIJ（activities implemented jointly，共同执行活动）试点中，许多项目通过封山育林和人工速生丰产林等林业经营活动来进行，每公顷固碳最高可达 300 吨，而成本最高不超过每吨碳 30 美元（Watson et al.，2000）。这与非碳汇措施减排每吨碳高达数百美元的高昂成本形成鲜明反差。日本与美国加利福尼亚能源委员会能源生产者联合会一起进行了利用植树固定城市二氧化碳时的成本计算，结果表明，其成本相当于 1 日元 / 千瓦·时（1 吨碳对应的发电量是 5000 千瓦·时），然而根据日本经济企划厅的计算，如果用减少日本国内的生产来达到减排 1 吨碳，则将带来 160 万日元的经济损失；如果对发展中国家进行节能投资，则为 2 万日元左右；如果在热带雨林区植树，则成本不到 1 万日元，这样计算的植树成本相当于 2 日元 / 千瓦·时（郑楚光，2001）。

3. 森林碳汇非持久性风险

（1）非持久性风险的概念和种类

降雨、雷电、极端温度、火灾、病虫害、洪灾、旱灾、地震、泥石流等自然灾害使成熟林或处于生长期的森林受损，导致所储存的碳部分或全部发生逆转；或者，人为的纵火、疏忽等引起的森林火灾以及采伐、盗伐等毁林活动导致碳逆转发生，使地上生物量和地下所储存的碳重新释放出去（武曙红等，2007）。如果森林碳汇项目发生碳逆转，其产生的核证减排量（CERs）将会减少，导致 CDM 森林碳汇项目参与方在进行 CERs 交易时得不到预期收益，进而导致碳汇项目的交易风险（相震等，2009）。碳逆转带来的经济风险主要是指人为或者自然因素引起的碳逆转使林业碳汇项目的参与者不能获得预期的 CERs 数量，从而遭受经济损失的风险。

森林碳汇项目采用 CDM 规定的碳贮量变化检测方法进行林业固碳总量和固碳潜力测定，证明技术额外性、资金额外性、投资额外性、环境额外性和政策额外性，避免碳泄漏等复杂事务，还需经过实施国政府批准，并且由联合国 CDM 执行理事会派出的"指定经营实体"多次审查，最后由联合国 CDM 执行理事会批准（张小全，2006），但如果得不到交易，前期准备和申请交易所缴纳的资金就会产生风险（温臻等，2005）。

（2）非持久性风险的影响

CDM造林项目形成的人工林在项目期内甚至在项目期结束后的相当一段时间不能被破坏，这要求碳汇输出国在交易确定时间内不能改变这些土地的性质（相震等，2009），这将会对项目地居民的收入和生活、当地的社会经济发展带来影响，如果片面追求速生固碳和低成本（如大面积营造速生的外来树种纯林）将会给当地的生态系统和生物多样性保护带来影响（李江，2005）。林德荣（2006）分析了工业人工林的环境影响，主要包括以下方面：①工业人工林的树种单一化导致病虫危害及蔓延的风险大增。②对热带地区的土壤而言，工业人工林与灌木和草地相比，更容易造成土壤表层养分消耗和土壤片状侵蚀。③一方面，在土壤相对贫瘠的无林地上种植速生人工林可能导致地表水的减少；另一方面，营造桉树商品人工林经常大量使用杀虫剂，加之大量施肥，使得种植桉树林地区的水质和水生物受到了直接的影响。④工业人工林的生物多样性保护作用往往较少。⑤工业人工林建设引进外来速生树种可能导致有特殊价值、适生性强的乡土树种的丧失。工业人工林建设的社会正面影响主要有提供就业机会、促进基础设施建设和使当地社区发展从中受益，产生对劳动力的持续需求（李智勇，2001），以及可能为当地带来新的资金投入、新的教育机会、新的市场机会以及先进的管理和技术等。工业人工林建设的社会负面影响主要反映在：工业人工林建设可能导致当地居民和社会对土地、林产品的失控，原有乡村社区被改造，部分居民收入和生计受影响，以及具有特定文化的自然景观的退化等；可能导致当地社区和农户与大公司之间的严重产权冲突；同时，由于大规模工业人工林投资者一般不会选择地处偏远、交通不便的贫困山区作为项目所在地，对解决贫困问题可能不会存在任何帮助。

（3）应对措施

为了解决森林碳汇的非持久性问题，莫拉·科斯塔和威尔逊（Moura Eosta，Wilson，2000），提出利用吨年的计量方法来计算碳汇信用，菲尔普（Phillipsetal，2001）提出利用平均碳贮量的方法计算碳汇信用以及哥伦比亚代表团提出的到期碳汇信用法等；米哈伊努特谢克和伯恩哈德斯拉马丁格（Michaelnutsehke，Bernhardsehlamadinger，2002）对清洁发展机制下临时可认证减排量的实际应用问题进行了分析，并计算了临时可认证减排量的价值，指出临时可认证减排量如果要与可认证减排量相等，必须被重复认证。后来，米哈伊努特谢克和伯恩哈德斯拉马丁格等又对清洁发展机制下造林、再造林项目的到期信用的风险和价值进行了研究，并指出碳汇信用的价值受卖方的义务和国际气候政策的不确定影响，如果气候的政策得到加强，长期可认证减排量可以获得更多的投资（Michaelnutsehke，Bernhardsehlamadinger et al.，2004）。

国内很多学者对于森林碳汇非持久性的影响也进行了许多研究。为避免或减少森林碳汇项目非持久性风险的影响，应重视乡土树种营造混交林及混农林业系统的 CDM 固碳造林模式的研究，应研究将 CDM 造林固碳项目与林业生态建设项目有机结合的可行性，以及如何在 CDM 林业固碳项目模式的设计及实施的过程中使用参与性的方法和充分发挥项目地乡土知识的作用（李江，2005）；采用 tCERs 或 ICERs 的方法来解决对 CDM 造林或再造林项目发生碳逆转所产生的环境风险（武曙红等，2007）。

4. 森林碳汇的计量

森林碳汇计量方法是评价碳汇林碳汇价值大小的基础工作，在此基础上可以开展对碳汇林价值的评价，为全面营造碳汇林打好基础。国内外许多专家已经提出了很多森林碳汇计量方法，归纳起来，主要分为两大类：一类是与生物量紧密相关的反映碳储存量的现存生物量调查的方法；另一类是利用微气象原理和技术测定森林二氧化碳通量，然后将二氧化碳通量换算成碳储量的方法。在我国，估算和研究碳储存量的方法主要有生物量法、蓄积量法、生物量清单法、涡旋相关法、应用遥感等新技术的模型模拟法等（李怒云，2009）。

生物量法估算碳汇是以森林生物量数据为基础的碳估算方法，采用根据单位面积生物量、森林面积、生物量在树木各器官中的分配比例、树木各器官的平均碳含量等参数计算而成。

蓄积量法估算碳汇是以森林蓄积量数据为基础的碳估算方法（王效科、冯宗炜、欧阳志云，2001）。其原理是根据对森林主要树种抽样实测，计算出森林中主要树种的平均容重（$t \cdot m^{-3}$），根据森林的总蓄积量求出生物量，再根据生物量与碳量的转换系数求出森林的固碳量。

郗婷婷等（2006）提出森林蓄积量扩展法：以森林蓄积（树干材积）为计算基础，通过蓄积扩大系数计算树木（包括枝丫、树根）生物量，然后通过容积密度（干重系数）计算生物量干重，再通过含碳率计算其固碳量，这样计算出来以立木为主体的森林生物量碳汇量。在此基础上，进一步根据树木生物量固碳量与林下植物固碳量之间的比例关系、树木生物量固碳量与林地固碳量之间的比例关系计算森林全部固碳量。森林全部固碳量计算公式：

$$C_f = \sum \left(S_{ij} \times C_{ij} \right) + \alpha \sum \left(S_{ij} \times C_{ij} \right) + \beta \sum \left(S_{ij} \times C_{ij} \right)$$

$$C_{ij} = V_{ij} \times \delta \times \rho \times \gamma$$

式中，C_f 为森林固碳量，S_{ij} 为第 i 类地区第 j 类森林的面积，C_{ij} 为第 i 类地区第 j 类森林类型的森林碳密度，V_{ij} 为第 i 类地区第 j 类森林类型的森林单位面积蓄积量，α 为林下植物碳转换系数，β 为林地碳转换系数，δ 为生物量扩大系数，ρ 为容积系数，γ 为含碳率。各种换算系数取 IPCC 默认值：δ 为 1.92，γ 为 0.5，ρ 为 0.5，α 为 0.195，β 为 1.244。

近年来，以建立生物量与蓄积量关系为基础的植物碳储量估算方法已得到广泛应用。王效科等提出具体公式如下：

$$P_c = V \times D \times R \times C_c$$

式中，V 是某一森林类型的单位面积森林蓄积量，D 是树干密度，R 是树干生物量占乔木层生物量的比例，C_c 是植物中碳含量 [该值常采用 0.45（Levine et al.，1995）]，首先计算出各森林生态系统类型乔木层的碳贮存密度（P_c，$MgC \cdot hm^{-1}$），然后根据乔木层生物量与总生物量的比值，估算出各森林类型的单位面积总生物质碳贮量。

涡旋相关法（eddy correlation method）是以微气象学为基础的一种方法。这一方法首先是应用于测量水汽通量，20 世纪 80 年代已经拓展到二氧化碳通量研究中。涡旋相关技术仅仅需要在一个参考高度上对二氧化碳浓度以及风速风向进行监测。大气中物质的垂直交换往往是通过空气的涡旋状流动来进行的，这种涡旋带动空气中不同物质包括二氧化碳向上或者向下通过某一参考面，二者之差就是所研究的生态系统固定或放出二氧化碳的量。其计算公式：

$$F_c = \rho' \ w'$$

其中 F_c 是二氧化碳通量，ρ 是二氧化碳的浓度，w 是垂直方向上的风速。字母的右上标（小撇）是指各自平均值在垂直方向上的波动即涡旋波动，横是指一段时间（15~30min）的平均值。

5. 碳汇林的管理

碳汇主要固定在植被的根、茎、叶等器官中，非植被部分（凋落物和土壤）碳汇之和占植被碳汇的一半（51.3%）（李秀娟，2009）。按照碳吸收能力最大化原则，CDM 造林再造林碳汇项目在树种选择方面，应该积极鼓励对优势乡土树种的培育和利用（林德荣，2005；王华章、刘文祥，2008），同时要注重生长速度和木材密度（李建华，2008）。为了增强碳汇林的碳吸收能力，既可以在育种时通过改良森林生长量、木材的比重和木材提取物等性状来提高碳汇量（陈红林，2008），也可以通过科学的森林经营活动来提高碳汇量（李怒云、宋维明，2005），还可以通过加强森林管理，提高森林质量、减少对森林的不合理采伐、延长森林采伐周期等林业活动增强森林的碳汇功能（何宇、章升东，2008）。在项目的实施过程中，要保证 CDM 林业碳汇项目的成功，必须识别项目的相关利害方并获得他们的理解和支持，CDM 森林碳汇项目必须严格符合非持久性问题、泄漏问题等方面的规定（周莉荫，2007），同时项目必须符合群众的切身利益。

（二）森林生态系统价值评价的研究进展

1. 森林生态系统效益分类

20世纪中叶国外就已经开始进行森林生态服务功能价值的评价研究。伏格特（Vogt，1948）第一个提出了自然资本的概念，他指出耗竭自然资源资本，就会降低美国偿还债务的能力。自然资本这一概念为自然资源服务功能的有价评估奠定了基础。

自20世纪70年代以来，生态系统服务功能开始成为一个科学术语及生态学与生态经济学研究的分支（Daily，1997）。在SCEP（1970）的《人类对全球环境的影响报告》中首次提出生态系统服务功能的概念，同时列举了生态系统对人类的环境服务功能。荷尔德、埃利希（Holder，Ehrlich，1974）和韦德曼（Westman，1977）先后进行了全球环境服务功能、自然服务功能的研究，指出生物多样性的丧失将直接影响着生态系统服务功能。至此，产生了生态系统服务功能的概念。

科斯坦纳等人（Costanza et al.，1997）将全球生态系统服务归纳为17类：气体调节、气候调节、干扰调节、水调节、水供应、控制侵蚀和保肥保土、土壤形成、养分循环、废物处理、传粉、生物防治、避难所、食物生产、原材料、基因资源、休闲娱乐、文化，见表1.3：

表1.3　生态系统服务功能列举表

序号	生态服务功能	举例
1	气体调节	二氧化碳／氧气平衡，二氧化硫平衡
2	气候调节	温室气体调节，影响云形成的DMS产物

序号	生态服务功能	举例
3	干扰调节	风暴防止、洪水控制、干旱恢复等生境对主要植被结构控制的环境变化的反应
4	水调节	为农业、工业和运输提供用水
5	水供应	向集水区、水库和含水岩层供水
6	控制侵蚀和保肥保土	防止土壤被风、水侵蚀，把淤泥保存在湖泊和湿地
7	土壤形成	岩石风化和有机质积累
8	养分循环	固氧，氮、磷和其他元素及养分循环
9	废物处理	废物处理，污染处理，解除毒性
10	传粉	提供传粉者以便物种繁殖
11	生物防治	关键捕食者种群，顶位捕食者使食草动物减少
12	避难所	育雏地、迁徙动物栖息地
13	食物生产	通过渔、猎、采集收获作物
14	原材料	木材、嫩料和其他产品
15	基因资源	医药、材料科学产品，用于农作物抗病和抗虫的基因
16	休闲娱乐	生态旅游
17	文化	生态系统的美学、艺术、教育及科学价值

资料来源：*Nature*

　　20世纪80年代，我国开始了森林资源的价值的核算工作。1983年中国林学会开展了森林综合效益评价研究，1988年国务院发展研究中心得到美国福特基金会的资助，成立了"资源核算纳入国民经济核算体系"课题组，开展了包括水资源、土地资源、森林资源、草地资源等的资源核算工作，推动了我国森林服务功能评价研究。张嘉宾等人（1988）认为森林的效益可以分为生态、经济和社会效益，而且相互之间有密切的系统联系；蒋敏元等人（1991）认为森林的生态效益是指由于森林生态系统的存在和森林新陈代谢过程的作用而对人类的生存环境——生物圈所产生的有益影响，具体分为以下五种：①防护效益；②净化效益；③涵养水源、保持水土、增加降雨量的效益；④气候调节效益；⑤保存天然基因的效益。侯元兆等（1955）首次较全面地对我国森林资源的涵养水源、保持水土、固定二氧化碳和供氧四项生态系统服务功能的价值进行评价；傅伯杰（2002）和肖笃宁（2003）等将生态系统的服务功能分为四个层次：生态系统的生产（包括生态系统的产品及生物多样性的维持）、生态系统的基本功能（包括传粉、传播种子、生物防治、土壤形成等）、生态系统的环境效益（包括减缓干旱和洪涝灾害、调节气候、净化空气等）和生态系统的娱乐功能（休闲娱乐、文化、美学等）。目前，多数学者认为，森林的综合效益主要表现在其生态效益、经济效益和社会效益上（张建国等，1994）。

2. 森林生态系统效益的价值构成

随着人们对资源、环境、人口之间关系的日益关注，生态系统对人类提供的功能服务也逐渐成为生态学研究的主要内容。人们从不同角度，基于不同的目的对自然生态系统的价值进行了探讨。

麦克尼利（McNeely，1990）把包括森林在内的生态环境价值分为直接利用价值和间接利用价值两类，其中直接利用价值又分为消耗性使用价值和生产性使用价值，间接利用价值则包括非消耗性使用价值、选择价值、存在价值。戈尔顿和伊恩（Gordon，Irene，1992）对生态价值进行了分类，提出生态价值包括两个方面，即使用价值和非使用价值。联合国环境规划署（UNDP，1993）将生物多样性资源的价值分为五类：显著直接价值、不显著直接价值、间接价值、选择价值、存在价值。英国经济学家皮尔斯（Pearce，1994）提出生态服务价值的分类系统，将生态服务价值分为使用价值、非使用价值两大类，其中使用价值又分为直接利用、间接利用和选择价值三部分。国际经济合作与发展组织（OECD）1995年出版的《环境项目和政策的评价指南》基本沿用了上述分类体系，但将选择价值、遗产价值、存在价值放在一个框架内，意味着选择价值实际上是介于使用价值和非使用价值之间的。

我国在这方面的研究起步较晚，欧阳志云等（1999）、孙刚等（2000）继承了戈尔顿（Gordon）和伊恩（Ian）的观点，将森林生态系统服务功能的价值分为直接利用价值、间接利用价值、选择价值与存在价值四类；高岚（2006）将森林价值划分为使用价值和非使用价值，其中使用价值又分为直接使用价值和间接使用价值，非使用价值分为选择价值以及存在和遗赠价值，见图1.1。

对于生物多样性，皮门特尔（Pimentel，1998）认为有许多方法可以用来评价生物多样性给人类带来的利益：一种是给出关于生态系统的最佳估算；另一种是评价人类对维持生物多样性的支付意愿（willingness to pay，WTP）。基于生态系统进入GDP账户的可能性，亚历山大（Alexander，1998）通过假定一个在全球经济户拥有所有生态系统的独占者（Monopolist），测算其在生态系统市场突然停止后所能获得的最大收益，以此来评价未来有可能包含在GDP账户中的生态系统服务在经济上的逻辑价值。基于物流和能流，克劳尔（Klauer，2000）也给出了一种生态系统和经济系统类比估算自然商品价值的方法。伍德沃尔德（Woodward，2001）则在阐述湿地提供的生态功能和生态服务，并在系统总结多年来湿地生态系统服务功能的价值评价案例及方法的基础上，提出了一个非市场价值评价的工具——复合分析；同时指出了以往多个湿地研究案例中价值估算出现偏差的原因及影响湿地价值计算的因素。格拉姆（Gram，2001）在分析计算森林产品中被人群利用部分的经济价值时所采用的不同方法的优、缺点的基础上，给出了一种综合的计算方法。

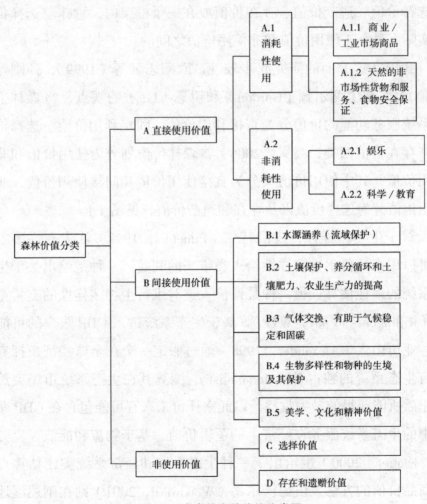

图 1.1 高岚的森林价值分类图

近年来，我国有很多人针对生态系统价值估算方法进行了研究。孙刚（1999）在《生态系统服务的核算方法》中，提出目前已有的生态系统服务核算方法可以分为市场价值法、替代市场法和假想市场法，并对各种方法进行了说明和阐述。

赵景柱等人（2000）对生态系统服务的物质量评价和价值量评价这两类评价方法进行了比较，分析了这两类方法的优缺点。结果表明，运用物质量评价方法得出的结果比较客观、衡定，但各单项生态系统服务的量纲不同，无法进行加总，很难评价某一生态系统的综合生态系统服务且这一方法得出的结果不能引起人们对区域生态系统服务足够的重视，进而影响人们对生态系统服务的持续利用；价值量评价方法虽然克服了上述缺点，但是结果存在主观性。张建国将福建省森林分为六类，对森林生态效益进行定量评价与研究，并进一步从劳动价值论、时空统一原则、效益一体化原则和社会认可原则等几个方面提出了关于森林综合效益计量的问题，探讨了计量的指标体系及效益货币化的方法（等效益物替代法、促进因素的余量分析法、相关计量法、补偿变异法）（陈应发，1994）。

高岚（2006）将森林环境资源价值的评价方法分为替代市场技术类评估方法和模拟市场技术类评估方法，前者包含费用支出法、市场价值法、旅行费用法、直接成本法、机会成本法和影子工程法，后者主要是条件价值法。

侯元兆等在《中国森林资源核算研究》中提出森林资源核算应包括林分核算、林地核算、森林环境资源核算。同时，通过对森林公益效能中的涵养水源、保护土壤、固定二氧化碳和供给氧气这四部分环境资源进行核算，证实了森林的生态环境价值大于其立木价值，并对森林游憩价值的八种核算方法，森林野生生物的经济价值的四种核算方法进行了分析和探讨（王莉，2009）。

综合各主要文献，生态系统的评估方法大致可以分为三大类：基于现有市场价格的评估方法、基于潜在市场的评估方法和基于假想市场的评估方法（表 1.4）。

表 1.4　生态服务系统功能价值评价主要方法分类

类型	具体评价方法	方法特点
市场价格法	生产要素不变	将生态系统作为生产中的一个要素，其变化影响产量和预期收益的变化
	生产要素变化	
替代市场价值法	机会成本法（OC）	以其他利用方案中的最大经济效益作为该选择的机会成本
	影子价格法（SV）	以市场上相同产品的价格进行估算
	替代工程法（RE）	以替代工程建设费用进行估算
	防护费用法（AC）	以消除或减少该问题而承担的费用进行估算
	恢复费用法（RC）	以恢复原有状况需要承担的费用进行估算
	因子收益法（FI）	以因生态系统服务而增加的收益进行估算
	人力资本法（HC）	通过市场价格或工资来确定个人对社会的潜在贡献，并以此来估算生态服务系统对人体健康的贡献
	享乐价值法（HP）	以生态环境变化对产品或生产要素价格的影响来进行估算
	旅行费用法（TC）	以游客旅行费用、时间成本及消费者剩余进行估算
假想市场价值法	条件价值法（CV）	以直接调查得到的消费者支付意愿（WTP）或（WTA）来进行价值计量
	群体价值法（GV）	通过小组群体辩论以民主的方式确定价值或进行决策

资料来源：马中《环境与资源经济学概论》

直接市场法是建立在充分信息和明确因果关系基础上的，评估客观，但是，对实物量数据的需求非常大；替代市场评价法能够利用直接市场法所无法利用的信息，而这些信息本身是可靠的，衡量涉及的因果关系也是客观存在的。但这种方法涉及的信息往往反映了多种因素产生的综合性后果。如何排除其他方面因素对数据的干扰是替代市场法的主要问题。假想市场法的最大特点就是它特别适宜对那些非使用价值（选择价值、存在价值）占有较大比重的环境服务价值的评估。其缺点则在于它并未对实际的市场进行观察，也未通过要求消费者以现金支付的方式来表征支付意愿或接受赔偿意愿来验证其有效需求。

因此，进行森林资源效益计量时，应尽可能地采用直接市场法；如果不具备采用直接市场法的条件，则采用替代市场法；当前面两类方法都无法应用时，才采用假想市场法。

4. 森林生态效益评价结果

国外对生态系统服务的价值评价研究的努力已有二十余年。1978 年，日本林野厅利用数量化理论多变量解析方法对全国七种类型森林的生态效益进行了价值评价，其价值为 910 亿美元，相当于 1972 年日本全国的经济预算。喀麦隆对热带雨林的效益计算约为 60 亿美元（不包括未来效益和物种存在效益），热带雨林的保护水域和土壤的效益占 68%。

近年来，国外的相关研究有，纳胡尔胡尔等人（Nahuelhual et al.，2005）针对智利不同管理方式的温带森林资源进行了价值评价。结果显示，次生林的立木价值，如果进行可持续的营林管理则是 3742 美元 / 公顷，而如果不进行可持续发展的营林方式，则是 3093 美元 / 公顷。哈米德·阿米米德（Hamid Amimead，2006）利用调查消费者支付意愿的方式针对伊朗北部森林进行了价值评价，得出的结论是，每个家庭一年愿意为森林支付的平均费用为 30.12 美元。扬·巴克曼（Jan Barkmann，2007）利用选择试验法针对当地的生态系统服务的非直接利用价值进行了评估，指出当地雨林的服务价值量为 136000 欧元／年。

国内许多学者对于我国各地森林的生态系统价值进行了研究，运用不同的方法核算了我国森林资源的价值。田育新等（2004）计算湖南省省长防林生态经济总价值约为 150.16 亿元／年，其中直接经济价值（包含林果产品价值、长防林游憩价值、活立木蓄积价值）4.96 亿元／年，占总价值的 3.3%，间接经济价值（涵养水源价值、净化水质、保土价值、固氮制氧）145.20 亿元／年，占总价值的 96.7%。许文强（2006）通过研究发现黑龙江省三北防护林工程建设第一阶段人工林碳汇价值共 12.49 亿元。

靳芳（2005）从直接经济价值和间接经济价值两个方面对我国森林生态系统服务功能进行评价，估算出我国森林生态系统服务功能的总价值为 30601.20×10^8 元，其中直接经济价值和间接经济价值分别为 1920.23×10^8 和 28680.97×10^8 元。

许信旺（2005）研究了安徽省森林生态系统服务价值，得出安徽省森林生态系统服务总价值约为 3563.41×10^6 亿元 $/a^{-1}$，约占全国森林生态系统总价值的 3.04%，其中营养循环的贡献最大（占 42.08%），生态效益、经济效益和社会效益分别占总价值的 74.13%、19.67% 和 6.2%，反映出其极强的生态功能。

赵红艳（2006）对湖南省邵阳市绥宁县森林生态系统的服务功能价值进行评价分析时，运用德尔菲分析模型建立一套评价指标体系，对邵阳市绥宁县的森林生态系统的服务功能价值进行了评价分析，得出以下结论：

第一，绥宁森林生态系统每年提供的服务功能价值为 479462.87×10^4 元，是 2004 年全县 GDP 的 2.3 倍。

第二，绥宁县森林生态系统服务功能价值各类目价值大小的顺序：①社会文化功能价值 170089.00×10^4 元，占总值的 35.475%；②固碳制氧功能价值 105322.15×10^4 元，占总值的 21.967%；③维持生物多样性功能价值 100882.99×10^4 元，占总值的 21.041%；④固土保肥功能价值 43948.07×10^4 元，占总值的 9.166%；⑤涵养水源功能价值 28216.11×10^4 元，占总值的 5.885%；⑥林产品经济功能价值 27741.81×10^4 元，占总值的 5.786%；⑦游憩保健功能价值 3250.00×10^4 元，占总值的 0.677%；⑧净化环境功能价值 12.74×10^4 元，占总值的 0.003%。

王祖华（2008）对淳安县森林生态系统服务功能价值进行评估，表明：淳安县森林生态服务功能总价值为 2978615.03 万元 / 年。其中森林提供木材和林副产品价值为 31000 万元 / 年；维护土壤价值为 1886535.92 万元 / 年；涵养水源价值为 728870.78 万元 / 年；森林固碳价值为 3653.40 万元 / 年；森林净化环境价值为 135245.24 万元 / 年；维护生物多样性价值为 309.69 万元 / 年；森林旅游价值为 193000 万元 / 年。按价值构成分：直接社会经济价值为 224000 万元 / 年，占总价值的 7.52%；间接的生态价值为 2754615.03 万元 / 年，占总价值的 92.48%。

王莉（2009）通过计算得知当前北京城市森林生态服务功能价值为 497.16 亿元 / 年。其中，固碳价值 6.82 亿元 / 年，生物多样性价值 473.52 亿元 / 年，森林游憩价值 14.14 亿元 / 年，净化大气价值 2.68 亿元 / 年。

韩素芸等（2009）对湖南省主要森林类型生态服务功能的价值进行分析，发现涵养水源价值为 2389.677 亿元，保育土壤价值为 418.375 亿元，固碳释氧价值为 1086.280 亿元，积累营养物质价值为 63.266 亿元，净化大气环境价值为 345.957 亿元，生物多样性保护价值为 812.439 亿元，森林游憩价值为 9.400 亿元。

余翔华（2009）对江西省生态公益林服务价值进行评价，并进行空间分布排序，得出：江西省生态公益林服务总价值约为 643.127 亿元 / 年，其中营养循环的贡献最大（占 45.92%），生态效益、经济效益和社会效益分别占总价值的 75%、19.32%、5.68%，反映出其极强的生态功能；江西省生态公益林服务价值的空间分布为赣州市 > 上饶市 > 吉安市 > 抚州市 > 九江市 > 宜春市 > 景德镇市 > 萍乡市 > 南昌市 > 鹰潭市 > 新余市，北部略高于中部，多山地区高于中部开发地区。

霍天阳（2009）利用谢高地所提出的生态系统服务价值的生物量因子修改公式对中国不同陆地生态系统单位面积生态服务价值表进行修改，得出十堰市森林生态系统单位面积生态服务价值表，每公顷森林生态系统的服务的总价值为 21148.1 元，其中气体调节价值 3387.6 元 / 公顷，气候调节价值 2613.3 元 / 公顷，水源涵养价值 3097.2 元 / 公顷，土壤形成与保护价值 3774.7 元 / 公顷，废弃物处理价值 1268.0 元 / 公顷，生物多样性保护价值 3155.3 元 / 公顷，原材料价值 2516.5 元 / 公顷，娱乐文化价值 1238.9 元 / 公顷。

田石磊等（2009）根据蓝田县森林资源的资料，以西方经济学为理论基础，采用基于成本估价方法中的影子工程法、机会成本法和基于损害 / 收益估价方法，评价蓝田县森林生态系统的服务价值，通过计算得出：蓝田县森林生态系统的服务总价值为 28089.53 万元 / 年，单位面积森林生态系统服务价值为 0.4859 万元 /（公顷·年），生态系统服务价值是 2006 年林产品价值的 4.3 倍。

（三）研究评述

就目前能检索到的文献来看，国内外学者对森林生态系统的价值以及森林碳汇进行了诸多研究，主要表现在以下方面：

①估算了森林生态系统的价值。国内外学者将森林生态系统所产生的价值进行了分类，主要包括涵养水源、固碳释氧、固土保肥、保持生物多样性、景观游憩、积累营养物质和增加就业等方面，同时运用直接市场价值法、费用成本法、影子工程法和机会成本法等对国内外森林所产生的价值进行了不同程度的评价，既有针对某一县所进行的评价，也有对全国所有的森林进行的评价。

②总结了计量森林碳汇的方法。国内外学者在对森林碳汇的固碳成本进行分析的基础上，进一步研究森林植物的根、茎、叶等器官以及森林土壤所吸收的二氧化碳，提出了活立木、枯倒木、根、茎、叶以及土壤碳库的计量方法，主要包含蓄积量法、生物量法、生物量换算因子法等。

③分析了森林碳汇的非持久性风险以及应对措施。森林碳汇存在自然灾害以及人为因素所造成的非持久性风险，这些风险容易导致森林毁坏或者导致碳逆转，国内外为了应对非持久性风险进行了相关研究，提出了采用吨年交易、鼓励对优势乡土树种的培育和利

用，加强森林管理，提高森林质量，减少对森林的不合理采伐，延长森林采伐周期等林业活动，增强森林的碳汇功能。

碳汇林是一种以吸收二氧化碳为主要目的的生态公益林，学者们对其碳汇价值进行了研究，但是缺乏对碳汇林所产生的其他生态价值、社会价值和经济价值的研究，对碳汇林价值的认识不够系统，同时现有研究只分析了碳汇林建设过程中存在的影响因素，但是对碳汇林开发和管理的研究有所欠缺，这些都是以后值得研究的地方。

三、研究目的及意义

（一）研究目的

碳汇林能够为当地带来巨大的碳汇价值、生态价值、经济价值和社会价值，对促进广东生态与社会经济协调发展，具有重大的战略意义和现实作用。但是现阶段，广东碳汇林存在建设力度不足以及经营管理滞后等问题。因此，需要全面系统地对广东碳汇林的综合价值进行计量，以期提高社会公众、政府部门对广东碳汇林的认知和重视，并且通过对影响其价值实现的各种因素进行深入分析，探索其价值实现的路径。具体而言，本书的研究目的：

①量化评估广东碳汇林的价值，形成对碳汇林建设的必要性和经济上可行性的全面认知。

——包括建立兼有针对性和普遍适宜性的广东碳汇林价值评价指标体系，选取合理的计量方法，应用并得出评估结果。

②分析评估结果的可实现性，深入探讨制约其实现的影响因

素，提出有助于实现广东省碳汇林价值最大化的改进措施。

——包括梳理和分析广东省碳汇林的各种干扰因素，运用管理学中的 PDCA 循环理论加强对广东碳汇林的管理。

（二）研究的意义

近些年来，随着《清洁发展机制》的生效，世界范围内出现大量的森林碳汇项目，通过造林再造林利用森林吸收二氧化碳，达到减排的目的。作为新生事物，许多问题需要我们去探索和解决，因此我们有必要对碳汇林进行研究。具体来说，本书的研究意义可简要表述为以下两个方面：

1. 研究的理论意义

本书对广东省碳汇林价值评价指标体系的构建和应用，是对碳汇林研究的丰富和拓展，能够为我国其他省市进行同类研究提供参考借鉴。

2. 研究的实践意义

本书运用管理学中的 PDCA 循环理论加强对广东碳汇林的管理，是对碳汇林管理方法的探讨，有助于提高对碳汇林的管理水平。

四、研究的主要内容与技术路线

（一）研究的主要内容

第一部分主要是对国内外研究背景、研究现状、研究目的和意义进行分析，以及对相关基础理论进行阐述，确立本书研究的方向。

第二部分是结合文献研究和调研情况，对广东碳汇林的现状和特点等进行分析。

第三部分是确立建立广东碳汇林评价指标体系的依据和基础，从碳汇价值、生态价值、社会价值和经济价值四个方面建立广东碳汇林的评价指标体系，并对各个指标内涵进行说明，运用实地调查所获得的数据资料，评价广东碳汇林所产生的价值。

第四部分对影响和制约广东省碳汇林价值实现的各种干扰因素进行分析，包括自然因素和人为因素。

第五部分基于对广东碳汇林价值实现影响因素的分析，运用PDCA循环理论加强对广东碳汇林的管理，提出实现广东省碳汇林价值最大化的措施。

（二）研究的技术路线

本书以广东碳汇林的价值评价及其实现路径为主线，始终围绕如何评价广东碳汇林的价值，分析广东碳汇林价值实现的影响因素以及怎样实现广东碳汇林价值最大化而进行，具体技术路线见图1.2。

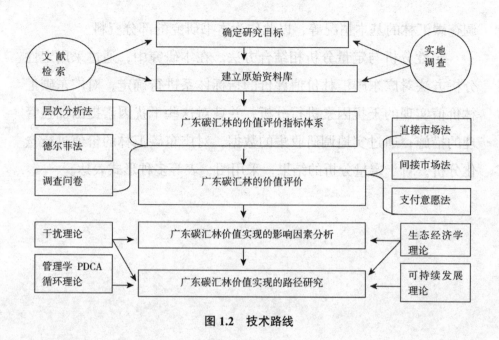

图1.2 技术路线

五、研究方法

本书主要采用理论与实践相结合、定性分析与定量分析相结合的研究方法，选用的具体研究方法有以下几种：

文献回顾法。通过中国期刊网、中国优秀博士硕士论文库、外文数据库、经典文献追溯等途径搜索国内外的相关研究文献，对文献进行系统评述，在此基础上采用德尔菲分析法、频度分析法和层次分析法建立广东碳汇林的价值评价指标体系，并确定各指标的权重。

参与性诊断方法。本书运用参与式小组访谈、农户调查、关键信息人访谈、公众问卷调查、二手资料收集以及实地踏青等方法，调查碳汇林的基本情况等，以此作为本书研究的部分资料。

　　定性分析与定量分析相结合方法。在本研究中，通过采用定性分析方法对广东碳汇林价值评价的指标体系进行确定，对广东碳汇林价值实现的干扰因素进行分析，并针对这些干扰因素提出加强管理的措施；通过实地调研收集的数据，对广东碳汇林的价值进行量化分析，对于定量分析的结果，采用图、表等多种形式表达。

第二章 理论基础与分析框架

本章是全书研究的理论基础，主要包括三个部分，首先对相关概念进行界定，然后梳理研究过程中可能需要借鉴的相关理论，最后根据本书研究目标，构建研究理论分析框架，为后文对广东碳汇林所产生的价值进行评价及其实现路径的分析提供理论指导。

一、相关概念界定

温室气体是指大气中那些吸收和重新放出红外辐射的自然和人为的气态成分。《京都议定书》中认定的温室气体包括二氧化碳（CO_2）、甲烷（CH_4）、氧化亚氮（N_2O）、氢氟碳化物（HFCS）、全氟化碳（PFCS）、六氟化硫（SF_6）六种气体。由于其中二氧化碳（CO_2）占温室气体的 2/3 以上，因而二氧化碳经常作为温室气体的代名词。本书中温室气体主要是指二氧化碳。

碳汇是指从大气中清除二氧化碳气体的任何过程、活动或机制。它是通过植物或其他方式清除二氧化碳气体的任何过程、活动或机制以及由这一过程、活动或机制而形成的结果。

森林碳汇是指森林生态系统吸收大气中的二氧化碳并将其固

定在植被和土壤中，它是一个纯自然科学领域的问题（李怒云，2007）。

林业碳汇是指通过实施造林再造林和森林管理、减少毁林等活动，吸收大气中的二氧化碳并与碳汇交易结合的过程、活动或机制。林业碳汇有广义和狭义之分。广义的林业碳汇是指通过森林活动清除二氧化碳的过程、活动和机制以及由此引起的碳的汇集和储存的结果，任何森林清除二氧化碳的过程、活动和机制都是指林业碳汇。狭义的林业碳汇是指在《公约》和《京都议定书》下的一个特定的名词，是指通过造林和再造林项目而产生的一种碳的汇集，是一种存储于森林体内的碳的集合，这样就将森林汇集二氧化碳放出氧气这一生态系统的无形服务变得有形化了，而汇集的气体变成了看得见、摸得着的可以计量的商品（金巍，2006）。

造林和再造林：在京都协议下，《波恩政治协定》同意将造林和再造林林业碳汇项目作为第一承诺期的合格 CDM 项目。其中，"造林"是指在 50 年以上的无林地进行的造林活动；"再造林"是指在曾经为有林地，而后退化为无林地的地点进行造林活动，并且这些地点在 1989 年 12 月 31 日之前必须是无林地，也就是说再造林必须是 1990 年以来进行的造林活动。

二、理论基础

（一）马克思的劳动价值论

1.劳动价值论的一般原理

（1）马克思劳动价值论的产生

劳动价值论是关于商品价值由无差别的一般人类劳动，即抽象劳动所创造的理论。劳动决定价值这一思想最初由英国经济学家威廉·配第（William Petty）提出。威廉·配第在他的《赋税论》书中提出："自然价格"实质指商品的价值。李嘉图（Ricardo）对亚当·斯密（Adam Smith）的观点进行了改造，指出商品的交换价值和生产时所耗费的劳动成正比，和劳动的生产率成反比。马克思继承了亚当·斯密、李嘉图理论的科学成分，用辩证法和历史唯物论从根本上改造了劳动价值论，论证了它的历史性质。

（2）马克思劳动价值论的主要内容

①商品具有二重性，即价值和使用价值。

商品是使用价值和价值的统一体。使用价值是商品的自然属性，具有不可比较性。使用价值决定于商品本身的属性，与为取得它所耗费的劳动量没有关系；在考察使用价值时，总是以量的规定性为前提；使用价值只是在使用或消费中得到实现；使用价值是构成财富的物质内容。

价值是一般人类劳动的凝结，是商品的社会属性，它构成了商品交换的基础。生产使用价值的社会必要劳动时间，决定该使用价值的价值量。劳动生产力越高，生产一种物品所需要的劳动时间就越少，凝结在该物品中的劳动量就越小，该物品的价值也就越小。相反地，劳动生产力越低，生产一种物品的必要劳动时间就越多，该物品的价值也就越大。商品的价值量与实现在商品中的劳动的量成正比变动，与这一劳动的生产力成反比变动。

②生产商品的劳动具有二重性，即具体劳动和抽象劳动。

在社会经济运动过程中，任何一种劳动已不再是支配一切的劳动，个人很容易从一种劳动转到另一种劳动，特定种类的劳动对他们来说只是偶然的形式，因而是无差别的。劳动已经不仅在范畴上，而且在现实中成了创造财富的一般手段，而不再是与具有某种特殊性的个人结合在一起的规定。

③商品价值量由生产这种商品的社会必要劳动时间决定。

形成价值的劳动不是一般的劳动，也不是一般的抽象劳动，而是经过市场的选择被证明是社会所需要的、必要的劳动，决定商品价值量的不是普通的劳动时间，而是社会必要劳动时间。

④价值规律。

商品的价值量由生产商品的社会必要劳动时间决定；商品交换以价值量为基础，遵守等量社会必要劳动相交换的原则。价格随供求关系变化而围绕价值上下波动，不是对价值规律的否定，而是价值规律的表现形式。

2. 基于劳动价值论的广东碳汇林建设研究

首先，广东碳汇林碳汇具有使用价值和价值。广东碳汇林产生的碳汇有使用价值，可以满足人类减缓气候变暖的需要，也可以满足人类保持舒适生活环境的需要。它同样具有价值，它的产生凝结着人类无差别的劳动，它依托人类活动所建造的森林。

其次，产生广东碳汇林碳汇价值的劳动具有具体劳动和抽象劳动。广东碳汇林碳汇的产生凝结着人类的劳动，为获得广东碳汇林的建设资金需要对外联络，需要付出劳动；广东碳汇林的设计、选址以及与林区林农关系的处理都需要付出劳动；森林碳汇这种特殊商品的产生，需要经过计量、检测、认证等程序，同样需要付出劳动，这些劳动有的是体力劳动，是具体形式的劳动，但有的是脑力劳动，是一种抽象劳动，都是广东碳汇林产生的碳汇的价值组成部分。

再次，广东碳汇林碳汇价值量由社会必要劳动时间决定。广东碳汇林碳汇有价值，其价值量的大小只能由通过市场交换活动反映出来，由社会上生产森林碳汇所需要的必要劳动时间决定。

最后，广东碳汇林碳汇价格的变动是价值规律的表现形式。广东碳汇林碳汇这种特殊商品的价格也是根据市场需求的变化而变化的，其价格表现为围绕价值上升或者下降，这种变动不是对价值规律的否定，而是价值规律的表现形式。

（二）生态经济学理论

1.生态经济学的一般原理

生态经济学是 20 世纪 50 年代产生的由生态学和经济学相互交叉而形成的一门边缘学科，它是从经济学角度研究生态经济复合系统的结构、功能及其演绎规律的一门学科，为研究生态环境和土地利用经济问题提供了有力的工具。

（1）生态经济学研究特点

①综合性。生态经济学是以自然科学同社会科学相结合来研究经济问题，从生态经济系统的整体上研究社会经济与自然生态之间的关系。

②层次性。从纵向来说，包括全社会生态经济问题的研究，以及各专业类型生态经济问题的研究，如农田生态经济、森林生态经济、草原生态经济、水域生态经济和城市生态经济等。其下还可以再加划分，如农田生态经济，又包括水田生态经济、旱田生态经济，并可再按主要作物分别研究其生态经济问题。从横向来说，包括各种层次区域生态经济问题的研究。

③地域性。生态经济问题具有明显的地域特殊性，生态经济学研究要以一个国家或一个地区的国情或地区情况为依据。

④战略性。社会经济发展，不仅要满足人们的物质需求，而且要保护自然资源的再生能力；不仅追求局部和近期的经济效益，而且要保持全局和长远的经济效益，永久保持人类生存、发展的良好生态环境。生态经济研究的目标是使生态经济系统整体效益优化，从宏观上为社会经济的发展指出方向，因此具有战略意义。

（2）生态经济学研究的主要内容

①生态经济基本理论。包括社会经济发展同自然资源和生态环境的关系，人类的生存、发展条件与生态需求，生态价值理论，生态经济效益，生态经济协同发展，等等。

②生态经济区划、规划与优化模型。用生态与经济协同发展的观点指导社会经济建设，首先要进行生态经济区划和规划，以便根据不同地区的自然经济特点发挥其生态经济总体功能，获取生态经

济的最佳效益。城市是复杂的人工生态经济系统，人口集中，生产系统与消费系统强大，但还原系统薄弱，因此生态环境容易恶化。农村直接从事生物性生产，发展生态农业有利于稳定农业、保持生态平衡、改善农村生态环境。根据不同地区城市和农村的不同特点，研究其最佳生态经济模式和模型是一个重要的课题。

③生态经济管理。计划管理应包括对生态系统的管理，经济计划应是生态经济社会发展计划。要制定国家的生态经济标准和评价生态经济效益的指标体系；从事重大经济建设项目，要做出生态环境经济评价；要改革不利于生态与经济协同发展的管理体制与政策，加强生态经济立法与执法，建立生态经济的教育、科研和行政管理体系。生态经济学要为此提供理论依据。

④生态经济史。生态经济问题一方面有历史普遍性，同时随着社会生产力的发展，又有历史的阶段性。进行生态经济史研究，可以探明其发展的规律性，指导现实生态经济建设。

2. 基于生态经济学理论的广东碳汇林价值研究

根据生态经济学基本理论，社会经济发展要处理好与自然资源和生态环境的关系，广东碳汇林的建设既要促进社会经济的发展，又不能给当地的生态环境造成破坏。

广东碳汇林是以吸收二氧化碳为主要目的而建造的森林，它可以产生非常明显的生态价值。它增强了生物多样性保护，促进了自然生态系统的稳定，有利于该地区森林的恢复和水土流失状况的改善。该项目建设竣工后，更好地加强了当地森林的植被恢复，对净化环境，推动生态建设、生态安全和生态文明的进程，起到了极大作用。

广东碳汇林也可以产生良好的社会价值。该项目的建设，不仅加速了地方林业生态建设的步伐，更为重要的是，向全社会宣传了"碳汇"的建设意义，从而达到从更高的层次上重新审视林业在经济社会发展中的地位和作用，影响十分深远。项目完成后，该地区将形成多树种、多层次、多色彩的森林生态系统，这既有助于构建和谐人居环境，又为当地建立了"碳汇绿色银行"，这对促进当地的社会经济发展，意义重大。

广东碳汇林还可以给当地带来一定的经济价值。在碳汇林的建设过程中，需要请当地农民整地、栽植、抚育和管护，为当地农民提供劳动岗位和带来收益；碳汇林建设中，需要修建道路便于苗木、肥料的运输，有利于当地经济的发展；碳汇林成林之后，可以为当地提供薪炭材；碳汇林所蓄积的活立木也可以为当地农民和村委会带来收入。

（三）干扰理论

1. 干扰理论的一般原理

（1）干扰的基本概念

从不同的研究背景和研究目的出发，对于干扰的理解是有区别的。怀特（White，1979）对干扰的内涵分析指出，任何群落和生态系统都是动态变化和空间异质的，干扰是天然群落的结构和动态的时空异质性的主要来源；巴扎兹（Bazzaz，1983）定义干扰为自然景观单位本底资源的突然变化，可以用生物种群的明显改变来表示，提醒人们可以用个别生物种群对干扰的反应进行定性、定量地研究干扰强度对生物多样性的影响；皮克特和瓦特（Picket，White，

1985）定义干扰是能改变生态系统、群落和种群的结构，并引起资源的基质有效性变化的不连续事件（实际是指自然干扰）。对于人类的生产活动，一般不称为干扰。这是因为在人们的想象中干扰总是与破坏联系在一起的，但对于自然生态系统来说，人类的一切行为均被认为是干扰。弗尔曼（Forman，1995）将干扰定义为显著地改变系统正常格局的事件，同时对干扰与胁迫（stresses）的区别进行了分析，认为在草地、针叶林等生态系统内每隔几年就发生一次野火不应是干扰，相反防火是一种干扰，并特别强调了干扰的间隔性和严重性。周晓峰认为干扰是作用于生态系统的一种自然的或人为外力，它使生态系统的结构发生改变，使生态系统动态过程偏离其自然的演变方向和速度；其效果可能是建设性的（优化结构、增强功能），也可能是破坏性的（劣化结构、削弱功能），这决定于干扰的强度和方式（周晓峰，1999）。

综合以上定义，干扰似乎应该定义为阻断原有生物系统生态过程的非连续性事件，它改变或破坏生态系统、群落或种群的组成和结构，改变生物系统的资源基础和环境状况（李政海等，1997）。

（2）干扰的类型

干扰的类型一般有以下几种划分。

①按干扰的来源划分为自然干扰和人为干扰。自然干扰包括偶发性的破坏性事件和环境的波动。偶发性破坏事件包括泥石流、雪崩、风暴、冰雹、食草动物大爆发和洪涝灾害等，它们常常对事件发生区的生物系统产生破坏性甚至毁灭性的影响。非连续性的环境波动包括周期性的气候干湿变化与冷热交替等过程，它们对系统的结构、功能和组成产生明显的影响。人为干扰是指人类的生产活动

和对资源的改造利用等过程对自然生物系统造成的影响。人为干扰的方式多种多样，影响的空间范围可大可小，变化很大，而对某一生物系统的影响程度也有很大差异（李政海等，1997）。

②按干扰的功能划分为内部干扰和外部干扰。内部干扰（如自然倒木）是在相对静止的长时间内发生的小规模干扰，对生态系统演替起重要的作用；外部干扰（如火灾、风害、砍伐等）是短期内的大规模干扰，它妨碍生态系统演替过程的完成，甚至使生态系统从高级状况向较低级的状态发展（魏斌，1996）。

③按干扰的机制划分为物理干扰、化学干扰和生物干扰。物理干扰，如森林退化引起的气候变化，植被覆盖物削减引起侵蚀和泛滥，最终导致沙漠化等；化学干扰如污染，每年数百吨的杀虫剂、清洁剂、氮、碱、酚、石油等不断地排入环境中，引起土壤化学机制的改变，并影响植被生长；生物干扰如害虫暴发、外来物种引进或不正当使用杀虫剂造成的生态平衡的破坏（魏斌，1996）。

④按干扰的后果划分为积极干扰和消极干扰。积极干扰有利于维持生物组分或生态系统的总体框架；消极干扰将促使干扰作用对象发生退化或衰败（张焱，2005）。

（3）干扰对森林的影响

干扰对森林生态系统的影响是多方面、多层次的。干扰可以临时增加森林资源有效性，小尺度和中等频率的干扰能增加物种多样性，同时干扰一般使森林生态系统发生以下变化：在斑块范围内引起优势树种或个体死亡，造成格局结构和生境发生变化（Foster，Boose，1992），限制了某些植物的生物量，从而为某些树种创造了新的生态位（Takashi，1994），维持了生物地球化学循环。多数强烈的自然干扰和人为干扰会破坏森林现存结构、打破已有的生态平衡、改变生态功能，从而引起生态系统稳定性下降；但中度干扰或弱度干扰可以增加生态系统的生物多样性，常利于生态系统稳定性的提高（高伟）。

2. 基于干扰理论的广东碳汇林价值实现研究

森林是巨大的绿色宝库，是陆地生态系统的主体，它在保护生态环境中具有不可替代的重要作用。广东碳汇林要发挥其作用，实现其综合价值，只有广东碳汇林建设顺利进行，所栽植的树木能够成活，碳汇林建成之后又能很好地得到保护，才能实现；但是在现实中，广东碳汇林又受到自然因素和人为因素的干扰，导致广东碳汇林综合价值的实现受到一定程度的影响。

从影响广东碳汇林综合价值实现的自然干扰因素来看，自然界中所发生的降雨、闪电、极端温度、火灾、病虫害、洪灾、旱灾、飓风、火山喷发、地震以及泥石流等自然灾害都会使成熟林或处于生长期的森林受损，影响碳汇林综合价值的实现。而当地农民的不作为行为或者破坏性活动也会对碳汇林造成一定程度的影响，例如他们对碳汇林建设的参与意愿不强、对碳汇林给予的保护不够，甚至有偷砍碳汇林作为薪炭材的行为。因此，需要对碳汇林自然干扰因素进行分析，采取针对性措施进行预防管理；也需要对碳汇林的人为干扰因素进行分析，找出其深层次的原因，对症下药，进行针对性的管理。

（四）可持续发展理论

1.可持续发展基本理论

（1）含义

可持续发展是既满足当代人的需求，又不对后代人满足其需求的能力构成危害的发展。它们是一个密不可分的系统，既要达到发展经济的目的，又要保护好人类赖以生存的大气、淡水、海洋、土地和森林等自然资源和环境，使子孙后代能够永续发展和安居乐业。可持续发展与环境保护既有联系，又不等同。环境保护是可持续发展的重要方面。可持续发展的核心是发展，但要求在严格控制人口，提高人口素质和保护环境、资源永续利用的前提下进行经济和社会的发展。发展是可持续发展的前提，人是可持续发展的中心体，可持续长久的发展才是真正的发展，真正使子孙后代能够永续发展和安居乐业。

可持续发展定义包含两个基本要素或两个关键组成部分："需要"和对需要的"限制"。满足需要，首先是要满足贫困人民的基本需要。对需要的限制主要是指对未来环境需要的能力构成危害的限制，这种能力一旦被突破，必将危及支持地球生命的自然系统、大气、水体、土壤和生物。决定两个基本要素的关键性因素有三个：①收入再分配以保证不会为了短期生存需要而被迫耗尽自然资源；②降低主要是穷人对遭受自然灾害和农产品价格暴跌等损害的脆弱性；③普遍提供可持续生存的基本条件，如卫生、教育、水和新鲜空气，保护和满足社会最脆弱人群的基本需要，为全体人民，特别是为贫困人民提供发展的平等机会和选择自由。

（2）基本原则

可持续发展是一种新的人类生存方式。这种生存方式不但要求体现在以资源利用和环境保护为主的环境生活领域，更要求体现到作为发展源头的经济生活和社会生活中去。贯彻可持续发展战略必须遵从一些基本原则。

①公平性原则。

公平性原则是指机会选择的平等性，具有三方面的含义：一是指代际公平性；二是指同代人之间的横向公平性，可持续发展不仅要实现当代人之间的公平，而且要实现当代人与未来各代人之间的公平；三是指人与自然、与其他生物之间的公平性。这是与传统发展的根本区别之一。各代人之间的公平要求任何一代都不能处于支配地位，即各代人都有同样选择的机会空间。

②可持续性原则。

可持续性原则是指生态系统受到某种干扰时能保持其生产率的能力。资源的可持续利用和生态系统可持续性的保持是人类社会可持续发展的首要条件。可持续发展要求人们根据可持续性的条件调整自己的生活方式，在生态可能的范围内确定自己的消耗标准。因此，人类应做到合理开发和利用自然资源，保持适度的人口规模，处理好发展经济和保护环境的关系。

③和谐性原则。

可持续发展的战略就是要促进人类之间及人类与自然之间的和谐，如果我们能真诚地按和谐性原则行事，那么人类与自然之间能保持一种互惠共生的关系，也只有这样，可持续发展才能实现。

④需求性原则。

人类的需求是由社会和文化条件所确定的，是主观因素和客观因素相互作用、共同决定的结果，与人的价值观和动机有关。可持续发展立足人的需求而发展人，强调人的需求而不是市场商品，是要满足所有人的基本需求，向所有人提供实现美好生活愿望的机会。

⑤高效性原则。

高效性原则不仅是根据其经济生产率来衡量的，更重要的是根据人们的基本需求得到满足的程度来衡量的。该原则是指人类整体发展的综合和总体的高效。

⑥阶跃性原则。

随着时间的推移和社会的不断发展，人类的需求内容和层次将不断增加和提高，所以可持续发展本身隐含着不断地从较低层次向较高层次的阶跃性过程。

（3）能力建设

如果说，经济、人口、资源、环境等内容的协调发展构成了可持续发展战略的目标体系，管理、法制、科技、教育等方面的能力建设就构成了可持续发展战略的支撑体系。可持续发展的能力建设是可持续发展的具体目标得以实现的必要保证，即一个国家的可持续发展很大程度上依赖这个国家的政府和人民通过技术的、观念的、体制的因素表现出来的能力。具体地说，可持续发展的能力建设包括决策、管理、法制、政策、科技、教育、人力资源、公众参与等内容。

①可持续发展的管理体系。实现可持续发展需要有一个非常有效的管理体系。历史与现实表明，环境与发展不协调的许多问题是由于决策与管理的不当造成的。因此，提高决策与管理能力就构成了可持续发展能力建设的重要内容。可持续发展管理体系要求培养

高素质的决策人员与管理人员，综合运用规划、法制、行政、经济等手段，建立和完善可持续发展的组织结构，形成综合决策与协调管理的机制。

②可持续发展的法制体系。与可持续发展有关的立法是可持续发展战略具体化、法制化的途径，与可持续发展有关的立法的实施是可持续发展战略付诸实现的重要保障。因此，建立可持续发展的法制体系是可持续发展能力建设的重要方面。可持续发展要求通过法制体系的建立与实施，实现自然资源的合理利用，使生态破坏与环境污染得到控制，保障经济、社会、生态的可持续发展。

③可持续发展的科技系统。科学技术是可持续发展的主要基础之一。没有较高水平的科学技术支持，可持续发展的目标就不能实现。科学技术对可持续发展的作用是多方面的。它可以有效地为可持续发展的决策提供依据与手段，促进可持续发展管理水平的提高，加深人类对人与自然关系的理解，扩大自然资源的可供给范围，提高资源利用效率和经济效益，提供保护生态环境和控制环境污染的有效手段。

④可持续发展的教育系统。可持续发展要求人们有高度的知识水平，明白人的活动对自然和社会的长远影响与后果，要求人们有高度的道德水平，认识自己对子孙后代的崇高责任，自觉地为人类社会的长远利益而牺牲一些眼前利益和局部利益。这就需要在可持续发展的能力建设中大力发展符合可持续发展精神的教育事业。可持续发展的教育体系应该不仅使人们获得可持续发展的科学知识，也使人们具备可持续发展的道德水平。这种教育既包括学校教育这种主要形式，也包括广泛的潜移默化的社会教育。

⑤可持续发展的公众参与。公众参与是实现可持续发展的必要保证，因此也是可持续发展能力建设的主要方面。这是因为可持续发展的目标和行动，必须依靠社会公众和社会团体最大限度地认同、支持和参与。公众团体和组织的参与方式和参与程度，将决定可持续发展目标实现的进程。公众对可持续发展的参与应该是全面的。公众和社会团体不但要参与有关环境与发展的决策，特别是那些可能影响到他们生活和工作的决策，而且更需要参与对决策执行过程的监督。

2. 遵循可持续发展理论的广东碳汇林管理研究

按照可持续发展理论，广东碳汇林的建设具有丰富的内涵。首先，广东碳汇林建设的目标应该是注重经济、人口、资源、环境等内容的协调发展，既满足当代人的需求，又不对后代人满足其需求的能力构成危害。其次，为实现上述目标，广东碳汇林建设必须重视可持续发展的能力建设，具体包括决策、管理、法制、政策、科技、教育、人力资源、公众参与等方面内容。在碳汇林项目的实施过程中，要注意发挥管理的效用，通过加强对碳汇林的管理，保证碳汇林的各项目标得以实现；在碳汇林项目的实施过程中，要进行配套的改革，从法律和政策上为碳汇林项目的顺利实施创造条件；同时要进行宣传，让公众了解碳汇林，懂得碳汇林建设的重要性，从而使他们自觉参与到碳汇林的建设中来。通过对广东碳汇林林的可持续经营，提高林业生态建设效益，优化当地的产业结构和生态环境，协调资源、环境、经济的相互关系，确保当地社会经济持续发展。

三、分析框架

广东碳汇林营造之后，有哪些价值，应该如何科学地进行评价，以及在经营管理过程中，广东碳汇林价值的实现受到哪些因素的干扰和怎样解决，都是本书所要重点研究的问题。为了解决以上问题，本书运用前面所述理论特构建如下分析框架：

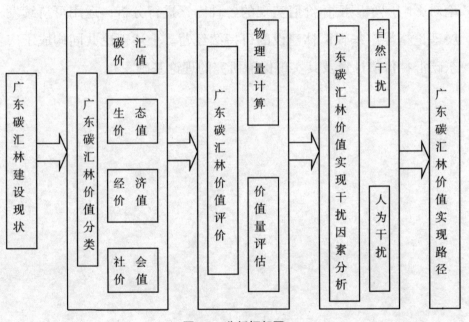

图 2.1 分析框架图

四、本章小结

本章介绍了马克思的劳动价值论、生态经济理论、干扰理论和可持续发展理论。在后面的章节中，将要运用马克思的劳动价值论分析广东碳汇林碳汇的特性，建立对广东碳汇林碳汇的初步认知；运用生态经济理论分析广东碳汇林所产生的综合价值；运用干扰理论对影响广东碳汇林价值实现的各种因素进行分析；运用可持续发展理论指导广东碳汇林建设的可持续经营。上述理论共同构成了广东碳汇林价值计量及其实现保障研究的理论基础。

第三章　广东碳汇林建设现状分析

森林是陆地最主要的植被类型。森林生态系统在全球碳循环和碳储存过程中起着不可替代的重要调控作用，与其他植被生态系统相比，树木生活周期较长，形体更大，在时间和空间上均占有较大的生态位置，具有更高的碳储存密度，能够长期和大量地影响大气碳库，因此，森林固碳成本远远低于其他形式的减限排成本。在2001年7月德国波恩召开的第六次缔约方大会续会上，各方达成了《波恩政治协议》，提出了将土地利用、土地利用变化和林业活动作为减排的有效手段，并同意将造林和再造林作为第一承诺期合格的清洁发展机制项目。为了减缓气候变化，以低成本方式减少二氧化碳的排放，国内外实施了许多森林碳汇项目，营造了一批碳汇林。

一、碳汇林的定义

随着大气中温室气体浓度的增加及生态环境的恶化，二氧化碳的减排问题逐渐成为人们关注的重点。森林在陆地生态系统中通过植物的生长以碳的形式固定二氧化碳的能力，也伴随着因温室效应引起的生态环境恶化越来越受到世界各国的重视。本研究将这种按照 CDM 造林规则，以吸收二氧化碳为目的，注意维护当地生态系统的完整性、保护生物多样性和改善当地的生态环境，并能促进当地社会经济条件发展所造的森林叫作碳汇林。

由于碳汇林是在 CDM 框架下产生的，因此为了保证森林碳汇项目具有真正的减排效果，清洁发展机制对营造碳汇林也提出了一些要求，如对项目的社会经济与环境影响进行评价，对项目的额外性进行说明，防止造林过程中的碳泄漏，以及按照规定对碳汇进行计量监测。

二、国内外碳汇林建设概况

为了减缓气候变暖带来的影响，国内外从 20 世纪 90 年代以来就开展了森林碳汇项目，进行以吸收二氧化碳为目的的植树造林，投资主体既有政府，也有企业，甚至有个人，他们出于不同的具体目的。《京都议定书》附件 I 中的国家政府建设碳汇林主要是履行 2008—2012 年第一承诺期的减少二氧化碳的排放义务；发展中国家和附件 I 中的国家合作建设碳汇林主要是为本国林业的发展筹集资金，学习发达国家的造林经验，同时为今后的减限排做准备；企业进行碳汇林建设主要是树立企业形象，是一种自发的行动，或者是一种商业行为。

（一）国外碳汇林建设概况

早在 20 世纪 90 年代初，由五家荷兰电力公司组成的荷兰电力委员会就成立了森林碳吸收基金会（forest absorbing CO_2 emissions，FACE），旨在通过大规模造林吸收二氧化碳，抵消一个中等规模火力发电厂（400 MW）40 年运作周期内的二氧化碳排放总量。FACE基金会出资，于 1992 年开始在捷克共和国克尔诺塞（Krknose）和苏马瓦（Sumava）国家公园进行森林恢复和再造林项目，总期限为99 年，总投资为 3820 万美元，将累计吸收 268.2 万吨碳，将为项目区带来巨大的社会经济和环境效益：项目所在地国家公园的旅游收入将大量增加，项目将为当地创造 200 个就业机会，环境污染状况将有所改善，森林的生物多样性将得到保护，该地区的水系也将得到很好的改善。

在印度中央邦（Madhya Pradesh）地区进行的退化林地上再造林和森林管理碳汇项目可行性研究，旨在为当地社区林业发展开拓一条新的途径。该项目由国际林业研究中心（CIFOR）、总部设在美国的森林趋势组织（Forest Trends）与当地林业部门共同开展。整个项目区域覆盖了 95 个贫困村落，林地总面积为 1 万公顷。如果按 15~20 美元每吨碳的市场价格计算，这片林地每年能够通过碳贸易为当地赚取 30 万美元的收入。除直接从碳贸易获取资金外，该项目还将有效地保护当地的濒危物种，涵养水源，并为这些贫困村庄的居民创造大量就业机会以及增加狩猎、捡拾薪炭材、木材销售等收入来源。可以说，项目将为当地带来巨大的经济、社会和环境效益。

另外一个在印度阿迪拉巴德（Adilabad）地区实施的碳汇试点项目是以村落为主体进行森林恢复，其目的是研究印度村民能否得益于碳汇项目，以及该项目能否促进社区可持续发展。项目由加拿大国际事务和对外贸易部资助，美国国际社区林业中心、印度生态科学中心和当地林业主管部门共同参与。该地区位于印度中南部，拥有大面积严重退化的林地，具有进行造林和再造林的条件，当地居民是以森林谋生的极度贫困的土著人。

越南高峰县再造林项目是一个小规模的 CDM 植林项目，于 2009 年 4 月 28 日成功地完成 CDM 的登录程序。此项目活动预计在现况为退化草地和退化农地的土地上进行再造林，面积约为 365.26 公顷。由日本国际合作社、越南林业大学、森林生态与环境研究中心以及农业与农村发展部门底下的森林处共同合作。项目活动的目标主要包含以下几点：修复退化土地、提高土地生产力和环境状况、减少二氧化碳、增加当地居民的收入，该项目预计可移除 42645 吨二氧化碳。

（二）国内碳汇林建设概况

我国积极参与并开展与林业碳汇项目有关的活动，这些活动包括：林业碳汇项目规则的国际谈判，在中国开展林业碳汇项目的可行性研究，以及在中国开展林业碳汇试点项目。在《京都议定书》的清洁发展机制下，中国已经开展了多个森林碳汇试点项目，具体情况见表 3.1。

表 3.1 国内碳汇林建设概况

项目名称	项目主办方	面积（公顷）	规模（万吨/年）	项目起始时间	投资额（万美元）
中国东北部敖汉旗防治荒漠化青年造林项目	国家林业和草原局与意大利环境国土资源部	3 000.00	--	2005	153
中日防沙治沙试验林项目（沈阳市康平县）	沈阳市林业局与日本庆应大学	538.70	--	1999	28
中国广西珠江流域再造林项目	广西林业厅	4 000.00	77.000	2006	300
中国四川西北部退化土地的造林再造林项目	四川林业厅	--	--	2005	300
中国绿色碳汇基金会温州碳汇造林项目	中化基金会国家林业和草原局气候办和温州市人民政府	400.00	0.900	2008	44
中国绿色碳汇基金会广东龙川和汕头潮阳区碳汇造林项目	中国石油天然气公司	400.00	--	2008	47.27

资料来源：文献整理

三、广东碳汇林建设概况

2008 年广东龙川县和汕头市潮阳区两个森林碳汇项目由中国绿色碳汇基金会投资，在龙川县登云镇和佗城镇的生态公益林地上造林 200 公顷（3000 亩），其中登云镇 148.7 公顷（2230.5 亩），佗城镇 51.3 公顷（769.5 亩）；在汕头市潮阳区西胪镇的内輋、龙溪两个村的生态公益林地造林 200 公顷（3000 亩），其中内峯村 128.93 公顷（1933.95 亩），龙溪村 71.07 公顷（1066.05 亩）。

（一）自然概况

龙川县位于广东省东北部，地处东经 115°03′ — 115°35′，北纬 23°51′ — 24°47′。东邻五华县、兴宁市，南连东源县，西接和平县，北与江西省交界。地势为南北高中间低，属低山丘陵地带。北部以海拔 500 米以上的低山为主，中部以丘陵为多。主要河流有东江和韩江。项目区属于亚热带季风气候区，气候温和，雨水充沛，阳光充足。年平均气温 20.5℃，年平均降水量为 1695 毫米，年平均蒸发量 1411.3 毫米，无霜期 318 天。土壤成土母岩多以花岗岩和其他变质岩为主，局部有少数石灰岩。林地土壤以赤红壤为主，薄土层至中土层。主要原生乔木植物有壳斗科、茶科、金缕梅科和樟科等科属树种，主要林下植被有芒萁、芒草、桃金娘、岗松和鹧鸪草等。2008 年年末龙川实有耕地面积 38812.86 公顷，2009 年荒山造林 267 公顷，低产林改造 935 公顷，有林地和灌木林地新增 486公顷。

汕头市潮阳区位于广东省汕头市中部，地理位置为东经 116°55′—116°57′，北纬 23°20′—23°38′。东临牛田洋海域，南面临海，西与揭阳市交界，北被榕江隔断。项目区属南亚热带海洋性季风气候。夏季高温多雨，冬季温暖，日照充足，年平均气温约为 21 摄氏度，年降雨量 1600 毫米左右，无霜期长达 360 天，适宜树木生长。成土母岩主要为花岗岩、砂页岩、石英砂岩。土壤为赤红壤土、水稻土、潮沙泥土、滨海沙土四类。林分多为人工林分，天然次生林分布较少。人工林主要为马尾松、相思类树种、桉树，木本果树也较多，还有少量杂竹、茶叶等。沿海沙滩地区造有木麻黄林带，滨海沙地植被有马鞍藤、芒草、老鼠刺等；山地灌木有桃金娘、野牡丹、九节木、岗松等，草本以旱生型的鹧鸪草、狗尾草、鸭嘴草、芒萁、蕨草等为主。2008 年年末实有耕地面积 13507.03 公顷，2009 年低产林改造 707 公顷。

（二）社会经济状况

龙川县土地总面积 3080 平方公里，共设立 24 个镇，总人口 937448 人（其中非农业人口 161364 人），农村劳动力 347649 人。县政府设在老隆镇。龙川县交通方便，铁路、公路、水路相连成网、四通八达，广梅汕铁路、京九铁路在县城交会并设立大型编组站、粮食储备站、机务段、通信段，国道 205 线、省道 1920 线贯穿全境，河梅高速已建成通车，并在县境内设有 3 个互通立交出口。2009 年龙川实现国内生产总值 771114 万元，比上年增长 9.8%，人均 GDP 为 10991 元，人均 GDP 增长速度为 7.4%，全县完成税收 33138 万元，本级财政收入 24411 万元，比上年增加 8.3%，农民人均年纯收入 4832 元。

汕头潮阳区总面积 667.6 平方公里，人口 1631752 人，男 823042 人，女 808710 人，2009 年实现农业总产值 249981 万元，乡镇从业人员 570755 人，人均 GDP 10102 元，地区生产总值 1588174 万元，2009 年预算收入 68392 万元，其中税收收入 44231 万元，非税收入 24161 万元。

（三）碳汇林建设总体布局与规模

龙川县碳汇林造林地点优先安排在生态区位重要的生态公益林地。根据适地适树、相对集中连片、利于施工和建设管理的设计原则，力求碳汇价值、生态价值、经济价值和社会价值协调发展，造林地点安排在登云镇和佗城镇，其中登云镇148.7公顷（2230.5亩），佗城镇51.3公顷（769.5亩），人工造林面积共计200公顷。

汕头市潮阳区碳汇林建设规模为人工造林200公顷（3000亩），建设地点为西胪镇的内輋、龙溪两个村的生态公益林地，其中内輋村129公顷（1935亩），龙溪村71公顷（1065亩）。

（四）碳汇林建设进程及规划

1. 龙川县碳汇林建设

2007年12月至2008年1月，龙川县碳汇林建设完成龙川碳汇林建设实施方案及作业设计的编制工作；2008年3月至5月，安排新闻媒体对碳汇林建设工程进行相关的宣传活动，扩大项目活动的影响，鼓励更多有责任感的企业、组织、团体和个人参与该项公益性事业；2008年6月至2009年5月，结束200公顷造林备耕整地和栽植工作；2009年6月至12月，完成200公顷新造林地的首次补植和抚育任务，并安排林业局技术人员对新造林地进行全面的自查；2010年6月，抽调纪检、财务、营林、种苗等各部门人员对项目造林质量进行检查验收；2010年至2011年，完成200公顷新造林地的第二年和第三年的补植与抚育工作，并在2011年年底（造林三年后）对造林成果进行全面核查；2012年至2027年，对200

公顷新造公益林进行管护，采取积极有效的防火、防病虫害措施，切实保证在项目周期内造林成果得到维护。

2.汕头市潮阳区碳汇林建设

汕头市潮阳区碳汇林建设从 2008 年 1 月至 2010 年 12 月在三年内就完成植树造林的任务，2008 年 1 月至 5 月，完成造林备耕整地、种植及宣传等任务；2008 年 6 月至 12 月，完成造林的补植、抚育等任务；2009 年 1 月至 2010 年 12 月，完成各项抚育任务，工程竣工。工程计划用 20 年的时间进行管护，2008 年 1 月至 2012 年 12 月，落实专人管护；2013 年 1 月至 2027 年 12 月，落实林地所属村进行管护，保证 200 公顷碳汇林在项目周期内的造林成果得到维护。

（五）造林树种和造林方式

龙川县碳汇林建设主要根据生态公益林的培育目的，结合碳汇项目造林地立地条件的差异，如土壤厚薄、坡度陡缓、上下坡位等情况，选择具有较强耐干旱瘠薄、对立地条件要求不严、适应性强、生长快和分布广泛等特点的乡土阔叶树种：红锥、火力楠、木荷和黎蒴。造林时采用行间混交方式进行人工植苗造林，造林树种红锥、火力楠、木荷和黎蒴需苗量分别为 82744、82744、55104、55104 株，种植面积分别为 56.1 公顷、56.1 公顷、50.4 公顷、37.4公顷，见图 3.1 和图 3.2。

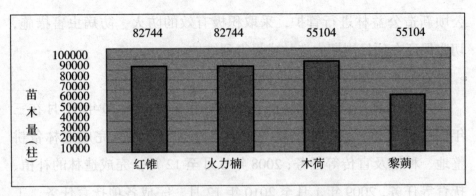

图 3.1　龙川县碳汇项目造林树种需苗量图

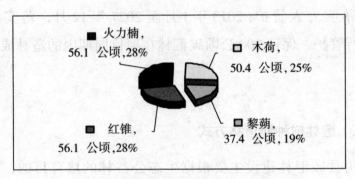

图 3.2　碳汇项目苗木种植面积比例图

　　汕头市潮阳区碳汇林建设则根据碳汇林营建的目的和意义，结合建设用地的立地条件，按照适地适树原则，建设选用了生长较快、适应性强的四个树种：台湾相思、木荷、山杜英、桉树。主要采用块状混交的方式造林，根据地形地貌、土壤肥力等立地条件，结合树种特性，因地制宜，随机确定块的大小。混交树种总体比例控制为台湾相思：木荷：山杜英：桉树＝3∶1∶1∶1，即各树种所占面积分别为台湾相思1500亩，木荷、山杜英、桉树各占500亩。

（六）投资测算

1.龙川县碳汇林建设

龙川县碳汇林建设经济指标主要包含整地、栽植、抚育、土杂肥、苗木和制作宣传牌，这些指标按照 2007 年广东省龙川县市场价、自产自销价、实际工价以及当地经济水平情况来进行计算，具体情况见表 3.2。

表 3.2　龙川县碳汇林建设主要技术经济指标表

项目内容		技术标准	指标
上坡水土保持林	整地	挖穴 40×40×30 厘米，穴的周围 1×1 米范围铲除杂草；回土施肥备植	45 穴 / 工日
	栽植	栽正、舒根、栽紧、不吊空、不窝根	67 穴 / 工日
	抚育	除草、松土、扩穴、培土、补苗和追施土杂肥	125 穴 / 工日
	土杂肥	基肥 0.5 千克 / 穴，追肥 0.25 千克 / 穴	1.5 元 / 千克
	苗木	一年生、苗高 50 厘米、地径 0.6 厘米以上，营养袋苗（木荷为裸根苗）	1 元 / 株、0.8 元 / 株
中下坡水源涵养林	整地	挖穴 50×50×40 厘米，穴的周围 1×1 米范围铲除杂草；回土施肥备植	21 穴 / 工日
	栽植	栽正、舒根、栽紧、不吊空、不窝根	67 穴 / 工日
	抚育	除草、松土、扩穴、培土、补苗和追施土杂肥	125 穴 / 工日
	土杂肥	基肥 0.5 千克 / 穴，追肥 0.25 千克 / 穴	1.5 元 / 千克
	苗木	一年生、苗高 50 厘米、地径 0.6 厘米以上，营养袋苗（木荷为裸根苗）	1 元 / 株、0.8 元 / 株

项目内容		技术标准	指标
环造林地防火林带	整地	挖穴 40×40×30 厘米，穴的周围 1×1 米范围铲除杂草；回土施肥备植	45 穴 / 工日
	栽植	栽正、舒根、栽紧、不吊空、不窝根	167 穴 / 工日
	抚育	除草、松土、扩穴、培土、补苗和追施土杂肥	125 穴 / 工日
	土杂肥	基肥 0.5 千克 / 穴，追肥 0.25 千克 / 穴	1.5 元 / 千克
	苗木	一年生、苗高 50 厘米、地径 0.6 厘米以上，木荷，裸根苗	0.5 元 / 株
工价		每 8 小时计算	50 元 / 工日
宣传牌		高 1 米，宽 1.5 米，支柱采用镀锌管，长 2.8 米，直径 0.06 米	1000 元 / 块（包安装）

资料来源：《中国绿色碳基金中国石油龙川县碳汇项目实施方案》（2008—2027）

以上述概算指标为依据，设计龙川县碳汇项目营造林概算模型表（表 3.3）。

表 3.3　龙川县碳汇林建设投资概算模型表 单位：元 / 公顷

项目内容	整地	苗木	基肥	栽植	当年追肥	抚育人工费	合计
上坡水土保持林	1800	1472	960	1200	480	650	6562
中下坡水源涵养林	3150	1226	800	1000	400	550	7126
环造林地防火林带	2800	1250	1500	750	750	1000	8050

资料来源：《中国绿色碳基金中国石油龙川县碳汇项目实施方案》（2008—2027）

项目总投资 150 万元，其中造林直接投资 138.6 万元，占总投资的 92%；间接投资 11.4 万元，占总投资的 8%，其中媒体宣传费 0.6 万元、设计费 4.2 万元、技术服务费（监理费）2.8 万元、管护费 3.8 万元（含第二、三年抚育费用）。

2. 汕头市潮阳区碳汇林建设

汕头市潮阳区碳汇林除了进行整地栽植、幼林抚育等人工造林直接投资外，还包括宣传费、技术服务费、作业设计费、管护费等其他间接投资，这些指标主要依据汕头市历年造林投资相关情况、2007 年生产资料平均物价水平和劳动力市场情况确立。

根据建设区当地的经济水平和有关的定价标准，参照广东省相似项目的投资水平，确定汕头市潮阳区碳汇林建设的概算经济指标，详见表 3.4。

表 3.4 中国绿色碳基金潮阳区碳汇林建设技术经济指标表

项 目	技术要求	指 标	备 注
营造面积	块状混交	3000 亩	台湾相思 1500 亩，木荷、山杜英、桉树各占 500 亩
营造密度	2×3 米	111 株/亩	
浇水	浇湿浇透	0.10 元/株	
整地挖穴	40×40×40 厘米	0.80 元/穴	包括林地清理、下基肥、回土
苗木	一、二级苗	0.70 元/株	无病虫害健壮优质苗
栽植	回土栽植，包成活	0.30 元/株	
肥料	每株 1 千克	1.60 元/株	包括第二、三年追肥，肥料为高质量土杂肥
抚育	除草、松土	0.56 元/株	植后秋季及第二、三年各抚育 2～3 次

资料来源：《中国绿色碳基金中国石油汕头市潮阳区碳汇项目实施方案》（2008—2027）

以上述概算指标为依据，估算包含苗木费、浇水、整地、栽植、抚育管护和肥料等在内的直接投资费用，大约每公顷直接投资6759.9 元，并由此得出概算结果：总投资 150 万元，用于营林直接投资约 135.198 万元，约占总投资的 90%；间接投资 14.802 万元，约占总投资的 10%。其建设内容及投资预算见表 3.5。

表 3.5　中国绿色碳基金潮阳区碳汇林建设投资预算明细表

序号	建设内容	单位	数量	单价（元）	投资额（万元）	备注
1	苗木	株	333000	0.7	23.310	
2	肥料	千克	333000	1.6	53.280	高质量土杂肥，包括第一年基肥，第二、三年追肥
3	浇水	株	333000	0.1	3.330	
4	整地	穴	333000	0.8	26.640	包括林地清理及挖穴
5	栽植	株	333000	0.3	9.990	包括回土、下基肥
6	抚育	株	333000	0.56	18.648	共三次抚育
	直接投资小计	--	--	--	135.198	--
7	宣传费	--	--	--	2	--
8	技术服务费	--	--	--	1	--
9	设计费	--	--	--	3	--
10	管护费	--	--	--	8.802	管护五年
	间接投资小计				14.802	
合计					150	

资料来源：《中国绿色碳基金中国石油汕头市潮阳区碳汇项目实施方案》（2008—2027）

四、广东碳汇林建设特点

（一）非京都规则项目

森林碳汇项目通常分为两类（李怒云等，2006；魏殿生等，2003），一类是"京都规则"森林碳汇项目，该类森林碳汇项目严格按照《京都议定书》规则规定，即在至少50年以来的无林地新造林或在1989年以后的无林地再造林获得碳汇并满足"额外性"、泄漏和基线等方面要求的项目，称为"京都规则"的碳汇项目。在我国只有广西、内蒙古的森林碳汇项目是严格的"京都规则"碳汇项目。另一类是"非京都规则"森林碳汇项目，该类森林碳汇项目是不受《京都议定书》第一承诺期内规则限制而进行的造林绿化、森林保护和森林管理等活动。

中国绿色碳基金从中国石油天然气集团公司筹集300万元，分别资助龙川县林业局和汕头市潮阳区林业局各150万元，由龙川林业局和汕头市潮阳区林业局负责广东碳汇林建设项目。该项目的实施是国内企业为了树立企业形象，创造良好的公共关系主动资助和开展的，并希望通过这些项目产生的碳信用显示公司对温室气体排放的补偿，同时期望这些活动能够为企业创造良好的公共关系。该项目不是我国和《京都议定书》附件Ⅰ国家间按《京都议定书》规定合作项目，而是根据国际规则严格实施的项目级合作，属于非京都规则项目。

（二）国内企业自愿行为

国际上围绕森林碳汇交易的模式主要有两种（何宇等，2008）：一种是《京都议定书》下 CDM 碳汇项目，是《京都议定书》强制市场交易行为。在第一承诺期（2008—2012），CDM 碳汇项目仅限于"造林、再造林"项目。这类项目要想通过 CDM 注册程序，必须首先得到发达国家和发展中国家双方气候变化政府主管部门的批准，同时要获得具有资质的独立第三方机构的认证，以及联合国相关机构的最终批准。另一种市场交易模式则是参照《京都议定书》和 CDM 及相关国际规则和要求，主要在一些发达国家和区域进行的、在自愿原则的基础上，通过捐资的形式参与植树造林，促进社区发展，保护生物多样性，以应对气候变化，展现企业社会责任而开展的活动。

广东碳汇林建设不是按照《京都议定书》规则来设计的，只是一种非京都规则项目，所进行的交易是一种企业自愿行为，是我国企业为树立自身形象，应对气候变化而进行的市场交易行为。

（三）营造生态公益林

广东碳汇林造林地点安排在登云镇双桥村、佗城镇东瑶村的生态公益林地，其中登云镇 148.7 公顷（2231 亩），佗城镇 51.3 公顷（769 亩），人工造林面积共计 200 公顷；广东汕头潮阳森林碳汇项目建设地点在西胪镇的内輋、龙溪二个村的生态公益林地，其中内輋村 129 公顷，龙溪村 71 公顷。两个森林碳汇项目的作业设计均按照适地适树、集中连片、利于施工和建设管理的设计原则，在最大限度地获得碳汇的同时，与项目所在地的生物多样性保护、促进森林资源可持续发展、当地经济社会发展和水土保持等相结合，力争在当地建造一片生态公益林。

（四）以吸收二氧化碳为目的

森林是全球陆地生态系统的主体。森林中的树木通过光合作用吸收二氧化碳，放出氧气，把大气中的二氧化碳以生物质的形式固定下来，因此森林具有碳汇功能。通过大力推进植树造林和加强森林管理，能增加森林植被、提高森林质量和延长森林采伐周期，从而增强森林对二氧化碳的吸收和固定，在一定时期内稳定以至降低大气中温室气体的浓度。

广东碳汇林利用森林可以吸收二氧化碳这一特性，通过植树造林吸收二氧化碳，减缓我国乃至全球气候变暖的趋势，减轻我国政府在未来的气候谈判中的压力，为我国政府在气候谈判中拥有更多的话语权创造条件。

（五）由中国绿色碳基金支持开展

目前我国开展碳汇项目主要有三种类型：一是清洁发展机制碳汇项目；二是中国绿色碳基金支持开展的碳汇项目；三是其他碳汇项目（主要包括各地与外国政府、国内外企业、组织、团体等开展的不属于清洁发展机制类型和中国绿色碳基金支持的，并以积累碳汇为主要目的的造林、森林经营以及相关碳汇计量与监测、碳汇交易等项目）。广东碳汇林建设投资的 300 万元全部由中国绿色碳基金提供，是在中国绿色碳基金的支持下进行的。

五、广东碳汇林建设的总体评价

（一）必要性评价

1. 响应国际社会行动的需要

面对全球气候变化，国际社会积极行动，先后签订了《联合国气候变化框架公约》和《联合国气候变化框架公约〈京都议定书〉》作为协调各国行动的指南，尤其是《京都议定书》规定了其附件 I 国家在第一承诺期的减排义务。中国政府已于 2002 年 8 月正式核准了《京都议定书》，中国作为发展中国家在第一承诺期虽然不承担减排义务，但由于中国二氧化碳的排放总量在全球仅次于美国，在国际气候谈判中面临的国际压力越来越大，因此为应对全球气候变化，在国际上树立负责任大国的形象，使我国林业等各方面实现可持续发展，我国政府有必要大力推进植树造林、保护森林和改善生态环境。实施森林碳汇项目，营造碳汇林能增加森林绿化面积和改善人类生存环境，为提高我国缓解和适应气候变化的综合能力做出应有的贡献。

2. 地方林业生态建设的需要

广东碳汇林建设所在地生态环境脆弱，灾害频发。龙川县地处广东省北部山区，地形复杂，季风性和地方性气候差异明显，灾害性天气出现频繁，自然灾害主要有低温阴雨、洪涝、干旱、寒露风、低温霜冻、大风、冰雹等，还有虫害和地震等；汕头市潮阳区地处广东省东南沿海，紧靠北回归线，属亚热带海洋性气候，自然灾害主要有台风、暴雨、山体滑坡和泥石流等，例如西胪镇的万亩经济林果树生产基地只生长于山脚或平坡地，山上光秃秃的，因此每年灾害性天气造成的经济损失非常严重。通过实施碳汇林建设工程，发挥森林生态系统的作用，可以改善当地生态环境，同时可以达到改善林分结构、提高林分质量和实现林业生态县的目的。

3. 地方经济可持续发展的需要

在社会主义新农村建设过程中，经济发展与环境、资源保护必须全面结合起来，共同实现科学发展，才能使生产要素产生最科学的集聚效应，形成源源不断的发展后劲。以牺牲能源和环境资源为代价来换取某种经济增长，带来的只是一时的经济数字的增高，留下的却是长远的危害和隐患。因此，必须通过植树造林，增加广东省森林覆盖率，建设风景秀丽的自然风光，为子孙后代和外来投资商营造一个山清水秀的人居环境，从而促进地方经济建设和生态环境和谐发展。为此，碳汇林的建设是必要的。

（二）发展环境评价

1. 发展的机遇

第一，广东省政府的高度重视为碳汇林建设提供了有力保障。

广东省政府高度重视经济建设与生态环境的和谐发展，具有较强的保护森林生态环境观念，在总结"十一五"林业建设的基础上，编制了《广东省林业发展"十二五"规划》（粤林〔2011〕21号），用于指导广东省的林业发展工作。"十二五"期间广东林业将实施商品用材林基地建设、油茶及特色经济林发展、珍贵树种基地建设等十大重点民生工程，还将实施碳汇示范林工程、沿海防护林体系工程和沿江防护林体系工程等十大重点生态工程，力争在加快广东省社会经济迅速发展的同时，认真落实生态环境的可持续发展，不断加强林业产业及森林生态环境建设，为广东省营造一个优美和谐的绿色家园。

第二，雄厚的技术力量为碳汇林建设提供了坚实后盾。

龙川县林业局营林技术力量较强，具有林业高级工程师1名，营林工程师3名，林业工程师1名。林业局专门成立造林质量管理小组，由局领导担任项目负责人和技术负责人，对造林项目进行全面的管理和监督，按照国家林业和草原局《造林技术规程》和广东省林业局《广东省造林管理办法》加强造林施工技术服务，抽调纪检、财务、营林、种苗等各部门人员负责对造林项目质量进行检查验收，全面加强质量管理。

汕头市潮阳区碳汇林建设主要依托汕头市林业科学研究所，该研究所技术力量较强，共拥有专业技术人员23人，其中研究员2人，高级工程师3人，林业工程师4人，在中小水库库区水源涵养林、沿海防护林和农田防护林、红树林等建设及城市园林绿化和山地果树引种栽培等方面具有区域专业技术优势，取得多项科技成果。

2. 面临的挑战

广东碳汇林建设一方面面临着难得的发展机遇，另一方面面临着一些较为严峻的挑战。

第一，与国内其他地方碳汇林建设的竞争。

出于对气候变暖造成的影响的重视，中国绿色碳基金从2008年以来在北京、浙江、广东、湖北等地投资进行碳汇林建设，其中在广东碳汇林投资 300 万。各省都有宜林荒山和荒地，都需要获得林业建设的发展资金，因此从中国绿色碳基金获得资金时各省之间在一定程度上会产生竞争。

第二，碳汇林的管理能力需要进一步提高。

广东碳汇林的管理主要是由当地农民和护林员来完成的，他们的年收入分别为 6000 元和 9600 元，低于当地的人均收入（2009 年龙川县人均收入为 10991 元，汕头潮阳区 2009 年人均收入为 10102 元），这样的工资状况导致护林员对碳汇林的管理积极性不高：他们住在远离碳汇林的村庄里，表示只是偶尔到山上看看，发现问题自己能处理的就处理，不能处理的就上报林业和草原局；他们没有什么预防性的措施，也没有从思想上重视保护碳汇林的重要性，认识不到碳汇林给他们带来的综合效益。

第三，森林火灾防控能力需要进一步加强。

森林火灾存在严重隐患，森林防火任务艰巨。2009 年 11 月位于英德市北部的清远国营长江坝林场发生森林火灾，过火面积 3000 多亩；2011 年 2 月 2 日至 11 日的 10 天中，广东共监测到林火热点 465 个，发生山火 92 起。广东省森林火灾的发生具有规律性的特点，一般发生在春节、清明节和冬至等节日。每年这些节日，广东各地都要上山祭祖，祭祖时燃放烟花爆竹和孔明灯、烧香烧纸和违规炼山，如果不注意，或者遇上干旱天气，极易引起森林火灾。

六、本章小结

　　面对全球气候变暖，国内外开展了许多森林碳汇项目，广东在2008年也进行了碳汇林建设。本章在对广东碳汇林的建设现状进行分析的基础上，进一步分析了广东碳汇林发展过程中面临的机遇和挑战。分析指出，广东碳汇林的发展既有机遇也有挑战，怎样抓住机遇、迎接挑战是广东碳汇林获得长足进展的关键因素，本书将在以后的章节对广东碳汇林的干扰因素进行分析，提出促使广东碳汇林价值最大化的措施。

第四章　广东碳汇林价值评价指标体系构建

广东碳汇林主要以吸收二氧化碳为主要目的，因此能产生明显的碳汇价值，但是除了碳汇价值之外是否还有其他价值，价值量有多少，这些问题正是本书所要研究的。本书通过实际调查，结合文献资料，构建广东碳汇林价值评价指标体系，对广东碳汇林的价值进行定量分析。

一、广东碳汇林价值评价指标确立

（一）指标与指标体系

指标是说明总体数量特征的概念，它一般由指标名称和指标数值两部分组成，它体现了事物质的规定性和量的规定性两个方面的特点。比如，2012 年 3 月 5 日，国务院总理温家宝在 2012 年年度政府工作报告中指出，2012 年 GDP 的增长目标为 7.5%，这就是指标，是说明总体综合数量特征的，包括指标名称（GDP）和指标数值（7.5%）两个方面。

价值评价指标体系是由若干指标按一定规则、相互补充而又相对独立地组成的群体指标。它是各种投入资源利用效果的度量表现，反映各类生产资源相互之间、生产资源与劳动成果之间，以及生态子系统和经济子系统、社会子系统之间的因果关系，能应用统一计量尺度，把生态建设综合价值具体地计算出来，为进一步调控方案设计奠定基础。综合来说，指标体系的功能一般有三个方面（李怡，2010）：①描述和反映任何一个时间上（或时期内）各个指标或因子在生态系统中的功能与作用大小；②全面系统地对综合效益作出评价，防止主观随意性，避免盲目性和片面性；③综合衡量发展整体的各子系统之间的协调程度。

（二）指标体系的构建原则

从理论上讲，凡能以数量表现的客观范畴和事实均可构成评价指标，但实际上，评价指标的选择要从客观情况出发，结合考虑评价对象的特点、评价目的和要求来进行，因此在构建广东碳汇林价值评价指标体系的时候，要考虑以下原则：

1. 系统性原则

广东碳汇林是一个多要素组成包含多功能的系统，对它的评价不能只考虑单项因素，必须运用系统的思想，综合考虑各要素之间的相互联系和影响，才能全面客观地作出对广东碳汇林价值的准确评估。在具体设计评价指标体系时，应兼顾指标体系的完整性和各指标的独立性，全面反映评价对象系统的各个组成要素，并能够正确地反映事物之间的相互联系，做到评价因素系统考虑、评级指标系统设计、评价过程系统判断、评价结果系统分析，从而使评价指标能充分体现广东碳汇林的整体性和协调性，才能构成完善的评价指标体系，获取全面正确的广东碳汇林的价值。

2. 可行性或信息可取性原则

设计指标体系的目的不是做理论探讨，是要付诸实施进行实际操作，具体量化广东碳汇林的价值。因此，所设计的指标体系尤其是在指标层要注意所设计指标的相关数据能否得到。在设计指标体系时一定要注意指标的信息可取性即可行性，这样的设计方案才能得以具体实施。

3. 层次有序性原则

指标体系是一种有序结构，上一层次的项目要全面覆盖下一层次的项目，下一层次项目要完整体现上一层次的本质内容；一般有总目标、子目标、指标三个层次，简单决策也可能只有两个层次，复杂的决策的子目标还要再分解一次乃至多次，形成四个以至更多的层次（潘杰义、刘西林，2003）。

4. 独立性原则

一个完整的评价指标体系往往是由众多指标构成的，它们从不同的角度表现目标的价值，所以在构建指标体系过程中，我们要尽量选择那些具有相对独立性的指标，不设重复指标，不设交叉重叠指标，避免指标之间的包含关系。这就需要在诸多交叉信息中通过科学地剔除，选择具有代表性和独立性的指标参与评价过程（姜文来、罗其友，2000），减少不必要的冗余，以提高评价的准确性和科学性。

5. 科学性原则

评价指标的选择、权重系数的确定，数据的选取、计算与合成，必须以公认的科学理论为依据。广东碳汇林价值评估指标体系具体指标的选取应在对一定的科学理论充分认识、深入研究的基础之上，努力做到：各指标的内涵和外延明确；层次结构尽量简明，容易理解；指标的构造和设计规范、合理，有充分的理论根据；选择正确适宜的评价方法，保证评价结果的准确性和精确度；评价过程应简单易于操作，避免复杂化和计算过分烦琐；降低成本，减少工作量，提高评价工作的效益。只有这样，才能客观真实地反映广东碳汇林价值评价指标体系各指标之间的相互联系，较好地度量广东碳汇林的价值。

6.完备性原则

在数学及其相关领域中，一个对象具有完备性，即它不需要添加任何其他元素，这个对象也可称为完备的或完全的。在选取广东碳汇林价值评价预选指标集时要考虑指标的完备性，将各种可能的指标包含在预选指标集中，尽可能使所选取的指标充分反映广东碳汇林工程建设综合效益的各个方面，涵盖自然、经济和社会各个子系统，能反映建设前、建设中和建成后的全过程情况。因此，需要通过建立评价指标体系的方式来全面准确评价广东碳汇林价值。

二、广东碳汇林价值评价指标体系的构建

广东碳汇林价值评价指标体系的构建包括三个基本步骤：使用频度分析法建立效益评价预选指标集、用德尔菲法（Delphi）改进咨询指标体系、用层次分析法（AHP）建立评价指标体系。

（一）预选指标集的建立

通过大量阅读国内外文献，建立初步的预选指标集，然后分析其中出现频率比较高的指标，同时结合广东碳汇林的实际情况，进行分析比较，综合选择针对性较强的指标。根据国内外学者对于森林生态系统效益的构成进行的研究，本书将主要的研究成果整理如下，见表4.1：

表 4.1 文献研究中森林生态系统效益评价的指标选取

研究者	森林生态系统效益
蒋敏元等（1991）	防护效益，净化效益，涵养水源、保持水土、增加降雨量的效益，气候调节效益，保存天然基因的效益
侯元兆（1955）	涵养水源、保持水土、固定二氧化碳和供氧
张纪林等（1998）	降低区域性风速、调节区域性气候、减弱飞盐危害、加固海堤安全、提高土壤肥力、保护农作物增收、增加生物多样性
胡海波等（2001）	改善气候、改良土壤、固土护坡、抗御自然灾害
赵红艳（2006）	固碳制氧、维持生物多样性、固土保肥、涵养水源、净化环境
王祖华（2008）	维护土壤、涵养水源、固碳、净化环境、维护生物多样性、旅游
王莉（2009）	固碳、生物多样性、森林游憩、净化大气
韩素芸等（2009）	涵养水源、保育土壤、固碳释氧、积累营养物质、净化大气环境、保护生物多样性、森林游憩
傅先庆（1990）	森林提供的就业人数、森林对健康的影响和森林提供的美的享受，森林创造的社会公平、社会凝聚力和社会参与等，与森林有关的宗教、文化、习惯、传统、知识等
刘广全（1997）	劳动生产率、劳动生产力利用率、劳动产品商品率和人民生活水平的明显提高，安定团结，为改革开放创造的良好条件

续表

研究者	森林生态系统效益
王迪海（1998）	构成生态保护体系、促进社会文明进步、保护野生生物、美化环境、固碳制氧净化大气、提供疗养保健游戏场所、增加就业人数、优化产业结构
粟娟、蓝盛芳（2000）	游憩观赏、增加就业、社会安定、进口替代
范大路（2001）	有形的社会效益指以货币形态反映的社会价值或实物效益，无形效益一般指保健、文化水平提高、劳动条件改善
张祖荣（2001）	环境美化、疗养保健、固碳制氧、增加就业人数、产业结构优化、劳动生产率提高、社会文明进步
计加辉等（2001）	固碳制氧效益、增加社会就业效益、农业增产效益、环境美化效益、疗养保健效益、旅游效益
张颖（2001）	森林对人的体质的成长与健全的效益，森林对劳动器官、感觉器官和思维器官等的充分发展与完善的效益，森林创造的社会公平、社会凝聚力和社会参与、与森林有关的宗教、文化、习惯、传统、知识等
侯元兆（2002）	景观和游憩价值、科学文化价值、防灾减灾价值、国防价值、增加社会就业、改善经济发展环境、有益于人类健康
陈勇等（2002）	对社会主体的影响（包括居住环境、人口与家庭、劳动力及就业、居民生活时间分配）、对主体的进步与发展起作用的客体的影响（包括政治与社会管理和社会物质生活）
钟昌福等（2006）	森林就业、森林文化、森林素养、森林屏障
岳上植（2008）	森林对社会文明进步的益处、森林对人类健康的益处、森林对提高人们生活水平的益处
徐蕊等（2009）	森林文化效益、森林保健效益、生活改善效益
李忠魁等（2010）	森林创造就业机会、改善投资环境价值、防灾减灾、森林文化

资料来源：文献整理

根据上述研究中各项指标出现频率的大小及其重要性程度，结合其他专家提出的建议，根据广东碳汇林的具体实际情况，在满足评价指标的可观测性和科学性的要求下，考虑指标体系的设计原则，整合得出广东碳汇林综合价值评价预选指标集，如表4.2所示。

表 4.2 广东碳汇林价值评价预选指标

目标层	状态层	指标层	重要性程度
广东碳汇林价值评价	碳汇价值	固定二氧化碳价值	
	生态价值	调节水量价值	
		净化水质的价值	
		固土的价值	
		保肥的价值	
		释放氧气的价值	
		吸收二氧化硫（SO_2）的价值	
		吸收氟化物价值	
		吸收氮氧化物价值	
		阻滞粉尘的价值	
		降低噪音的价值	
		杀菌抑菌的价值	
		调节温度的价值	
		调节湿度的价值	
		物种多样性	
	经济价值	活立木生产价值	
		林地价值	
		薪炭材价值	
		各种林副产品价值	
	社会价值	游憩价值	
		保健价值	
		景观美学价值	
		自然文化遗产价值	
		科研教育价值	
		就业增加价值	
		投资环境改善价值	

资料来源：文献整理

（二）改进咨询指标体系

在上述预选指标集的基础上，采用专家咨询法对预选指标集进行改进，具体改进步骤如下：

第一，专家的组成。本研究共邀请了 19 位专家，主要由华南农业大学和西南林业大学的老师、研究生及龙川县和汕头潮阳区的林业管理工作者等构成，主要涉及生态学、经济学、生态经济、生态旅游、林学等领域，共发出 19 份调查表格，收回有效问卷 15 份。

第二，向所有专家提供由预选指标集制成的调查问卷，并附以广东碳汇林的背景材料，征求专家的意见，请他们对预选指标进行重要性判断。即各个专家根据对各个指标的重要程度判断，以"非常不重要 1 分、不重要 2 分、一般 3 分、重要 4 分、非常重要 5 分"做出书面答复，并提出修改意见和建议。流程见表 4.3。

表 4.3　德尔菲问卷实施流程

顺序及时间	工作内容
准备工作（2011 年 6 月 10 日）	寄发征求德尔菲专家同意信函及研究说明函，成立专家小组
第一次（2011 年 6 月 15 日）	专家收到第一次问卷并依次答复
第二次（2011 年 6 月 30 日）	专家收到第二次问卷并依次答复，并附第一次问卷统计分析结果
资料处理	结果整理

第三，调查问卷回收后，将各位专家的第一次判断意见汇总，列成图表，进行对比，再分发给各位专家，让专家比较自己和他人

的不同意见，修改自己的意见和判断。专家们可坚持个人看法，亦可同意多数人的看法并修正己见，如果差异太大，亦可表达意见于下一次填答时供其他专家参考。如此反复进行两次，直到专家群意见差异越来越小。

第四，对专家的意见进行综合处理。本研究将调查问卷资料整理后，使用 EXCEL 统计软件进行资料分析，其中共进行两项分析：一是计算各项指标重要度的平均数及众数百分比，以平均值高低作为判断其重要度的依据，以众数百分比高低作为专家意见集中程度的判断依据；二是变异系数分析，探讨德尔菲专家在对各指标重要度判断上的差异，变异系数越小，判断的意见协调度越高。

第一轮咨询问卷（见附录 1）收回后，统计结果详见表 4.4。分析表明，大部分指标的变异系数在 0—0.2 之间，专家的意见协调度比较好。共有 13 个指标的变异系数大于 0.2，分别是林地价值、各种林副产品价值、蓄水价值、固土的价值、保肥的价值、吸收污染物的价值等。专家的意见主要集中在以下几个方面：

①指标很详尽，但对于广东碳汇林具体情况而言，有些一般或不重要的指标应该剔除掉，如降低噪音的价值、保健的价值、杀菌抑菌的价值都应该予以删减。

②土地增值价值采用林地价值做指标，不太合理。

③一般意义上，固定二氧化碳的功能是生态价值，但是考虑固定二氧化碳的功能是否在本指标体系中应是经济价值。

④碳汇林积累营养物质的价值和树立企业形象的价值要予以考虑。

在第一轮指标当中，剔除算术平均值在 3 以下的指标，同时增加碳汇林积累营养物质、树立企业形象指标，将指标数精简到24个，并制成第二轮咨询问卷，请专家作答（见附录2）。

第二轮统计分析结果详见表4.5所示，可以发现此次的变异系数均在0.2以内，专家的意见越趋一致。专家的建议主要集中在：鉴于个别指标很难取得数据支持，或在评价区内所体现的重要度不大，如调节温度的价值和调节湿度的价值，建议删除。

在第二轮咨询的基础上，保留算术平均值在3.3以上的指标，最终确定广东碳汇林价值评价的指标体系。

表4.4　广东碳汇林价值评价指标重要程度判断（1）

序号	指标层	算术平均值	标准差	变异系数	众数	众数百分比
1	固定二氧化碳价值	4.545455	0.687552	0.151261	5	0.636364
2	调节水量价值	3.818182	1.07872	0.282522	4	0.636364
3	净化水质的价值	3.818182	0.750757	0.196627	4	0.727273
4	固土的价值	3.636364	0.924416	0.254214	4	0.363636
5	保肥的价值	3.727273	0.904534	0.24268	4	0.454545
6	释放氧气的价值	4.272727	0.786245	0.184015	5	0.454545
7	吸收二氧化硫的价值	3.636364	0.924416	0.254214	4	0.363636
8	吸收氟化物价值	3.636364	0.924416	0.254214	4	0.363636
9	吸收氮氧化物价值	3.636364	0.924416	0.254214	4	0.363636
10	阻滞粉尘的价值	3.454545	0.687552	0.199028	4	0.545455
11	降低噪音的价值	3.181818	0.603023	0.189521	3	0.636364
12	杀菌抑菌的价值	2.909091	0.700649	0.240848	3	0.545455
13	调节温度的价值	3.454545	0.687552	0.199028	4	0.545455
14	调节湿度的价值	3.181818	0.603023	0.189521	3	0.636364

续表

序号	指标层	算术平均值	标准差	变异系数	众数	众数百分比
15	物种多样性价值	3.727273	0.904534	0.24268	4	0.454545
16	活立木生产价值	3.090909	0.53936	0.174499	5	0.545455
17	林地价值	4.000000	0.894427	0.223607	3	0.272727
18	薪炭材价值	3.454545	0.687552	0.199028	4	0.545455
19	各种林副产品价值	3.272727	0.786245	0.240242	3	0.636364
20	游憩价值	3.090909	0.53936	0.174499	3	0.727273
21	保健价值	2.909091	0.373145	0.128269	3	0.545455
22	景观美学价值	3.000000	0.894427	0.298142	3	0.545455
23	自然文化遗产价值	2.818182	0.750757	0.266398	3	0.454545
24	科研教育价值	3.272727	0.786245	0.240242	3	0.636364
25	就业增加价值	3.000000	0.774597	0.258199	3	0.454545
26	投资环境改善价值	2.909091	0.700649	0.240848	3	0.545455

资料来源：文献整理

表 4.5 广东碳汇林价值评价指标重要程度判断（2）

序号	指标层	算术平均值	标准差	变异系数	众数	众数百分比
1	固定二氧化碳价值	4.545455	0.687552	0.151261	5	0.636364
2	调节水量价值	3.545455	0.684199	0.192979	3	0.454545
3	净化水质的价值	3.636364	0.624416	0.171717	4	0.363636
4	固土的价值	3.818182	0.750757	0.196627	4	0.727273
5	保肥的价值	4.454545	0.687552	0.154348	5	0.545455
6	释放氧气的价值	4.272727	0.786245	0.184015	5	0.454545
7	吸收二氧化硫的价值	3.636364	0.714416	0.196464	4	0.363636
8	吸收氟化物价值	3.636364	0.714416	0.196464	4	0.363636

序号	指标层	算术平均值	标准差	变异系数	众数	众数百分比
9	吸收氮氧化物价值	3.636364	0.714416	0.196464	4	0.363636
10	阻滞粉尘的价值	3.454545	0.687552	0.199028	4	0.545455
11	降低噪音的价值	3.181818	0.603023	0.189521	3	0.636364
12	调节温度的价值	3.272727	0.724534	0.194387	3	0.636364
13	调节湿度的价值	3.181818	0.603023	0.189521	3	0.636364
14	物种多样性价值	3.727273	0.724534	0.194387	4	0.454545
15	积累营养物质	3.636364	0.714416	0.196464	4	0.363636
16	活立木生产价值	4.454545	0.687552	0.154348	5	0.545455
17	林地价值	3.272727	0.724534	0.194387	3	0.636364
18	薪炭材价值	4.000000	0.687552	0.171888	4	0.545455
19	各种林副产品价值	3.272727	0.586245	0.179130	3	0.636364
20	游憩价值	3.663975	0.63936	0.174499	3	0.727273
21	景观美学价值	3.454545	0.634279	0.183607	3	0.272727
22	科研教育价值	3.454545	0.634279	0.183607	3	0.272727
23	就业增加价值	3.636364	0.674597	0.185514	3	0.454545
24	企业形象价值	3.454545	0.687552	0.199028	4	0.545455

资料来源：文献整理

（三）指标体系框架

广东碳汇林综合价值评价分为目标层、状态层和指标层三个层次，具体情况如表4.6所示。

表 4.6　广东碳汇林价值评价指标体系

目标层	状态层	指标层
广东碳汇林价值评价（A）	碳汇价值（B1）	固定二氧化碳 价值（C11）
	生态价值（B2）	调节水量价值（C21）
		净化水质价值（C22）
		固土的价值（C23）
		保肥的价值（C24）
		释放氧气价值（C25）
		吸收二氧化硫的价值（C26）
		吸收氟化物价值（C27）
		吸收氮氧化物价值（C28）
		阻滞粉尘的价值（C29）
		物种多样性价值（C210）
		林木营养积累价值（C211）
	经济价值（B3）	活立木生产价值（C31）
		薪炭材价值（C32）
	社会价值（B4）	游憩价值（C41）
		就业增加价值（C42）
		科研教育价值（C43）
		景观美学价值（C44）
		企业形象价值（C45）

第一层次，价值评价的总目标层。该指标确定本次研究的方向主要是对广东碳汇林所产生的价值进行估算，确定其总价值。

第二层次，价值评价的状态层。由于广东碳汇林主要是以吸收二氧化碳为目的，因此状态层评价将从碳汇价值、生态价值、经济价值和社会价值4个方面进行，其指标为4个。

第三层次，价值评价的指标层。该层进一步明晰状态层所确定的评价指标，是对状态层指标的细化，通过多次运用专家咨询法而建立，该层共设指标19个。

目标层由状态层加以反映，状态层由具体评价指标加以反映。实际上，目标层是状态层、变量层及具体指标的概括。

三、广东碳汇林价值评价指标权重

（一）构造判断矩阵

根据资料数据、专家的意见和本人的调查，作者反复研究后确定评价指标的相对优劣程度，从而构造一个判断矩阵。各指标元素两两相比，按重要程度采用9标度法（表4.7），构造判断矩阵，见表4.8、表4.9、表4.10、表4.11和表4.12。

表4.7　元素之间权重的比较

序号	重要性	赋值
1	I，j两元素同等重要	1
2	I元素比j元素稍重要	3
3	I元素比j元素明显重要	5
4	I元素比j元素强烈重要	7
5	I元素比j元素极端重要	9

序号	重要性	赋值
6	I 元素比 j 元素稍不重要	1/3
7	I 元素比 j 元素明显不重要	1/5
8	I 元素比 j 元素强烈不重要	1/7
9	I 元素比 j 元素极端不重要	1/9
10	表示需要在上述两个标度之间折中的标度	2, 4, 6, 8

资料来源：文献整理

表 4.8 针对总目标的各有关指标相对重要性判断矩阵 A-B

A	B_1	B_2	B_3	B_4
B_1	1	3	4	4
B_2	1/3	1	3	3
B_3	1/4	1/3	1	1
B_4	1/4	1/3	1	1

表 4.9 针对碳汇价值（B1）各有关指标相对重要性判断矩阵 B1-C1

B_1	C_{11}
C_{11}	1

资料来源：文献整理

表 4.10 针对生态价值（B2）各有关指标相对重要性判断矩阵 B2-C2

B_2	C_{21}	C_{22}	C_{23}	C_{24}	C_{25}	C_{26}	C_{27}	C_{28}	C_{29}	C_{210}	C_{211}
C_{21}	1	2	1/3	2	1/3	2	2	2	2	1	2
C_{22}	1/2	1	1/3	1	1/3	1	1	1	1	1/3	1
C_{23}	1	3	3	4	1	2	2	2	1	1	1

C_{24}	1/2	1	1/4	1	1/3	2	2	2	1	1/2	1
C_{25}	3	3	1	3	1	2	2	2	1	2	3
C_{26}	1/2	1	1/2	1/2	1/2	1	1	1	1/2	1/3	1
C_{27}	1/2	1	1/2	1/2	1/2	1	1	1	1	1/3	1
C_{28}	1/2	1	1/2	1/2	1/2	1	1	1	1	1/2	1
C_{29}	1/2	1	1	1	1	2	1	1	1	1/2	1
C_{210}	1	3	1	2	1/2	3	3	2	2	1	1
C_{211}	1/2	1	1	1	1/3	1	1	1	1	1	1

资料来源：文献整理

表 4.11　针对经济价值（B3）各有关指标相对重要性判断矩阵 B3-C3

B_3	C_{31}	C_{32}
C_{31}	1	3
C_{32}	1/3	1

资料来源：文献整理

表 4.12　针对社会价值（B4）各有关指标相对重要性判断矩阵 B4-C4

B_4	C_{41}	C_{42}	C_{43}	C_{44}	C_{45}
C_{41}	1	1/5	3	3	1/5
C_{42}	5	1	5	5	1
C_{43}	1/3	1/5	1	3	1/5
C_{44}	1/3	1/5	1/3	1	1/5
C_{45}	5	1	5	5	1

资料来源：文献整理

根据判断矩阵需要计算下列各项：

1. 计算判断矩阵每一行数值的乘积 M_i

2.
$$\overline{W_i} = \sqrt[n]{M_i} \qquad (4.1)$$

对向量 $\overline{W} = (\overline{W_1}, \overline{W_2}, \cdots, \overline{W_i})^{\mathrm{T}}$ 归一化处理，$W_i = \overline{W_i} / \sum_{i=1}^{n} \overline{W_i}$，即得 $W = (W_1, W_2, \cdots, W_n)$ 为权重向量。 $\qquad (4.2)$

3.计算判断矩阵最大特征根

$$\lambda_{\max} = \sum_{i=1}^{n} \frac{(BW)_i}{nW_i} \qquad (4.3)$$

4.判断矩阵的一致性检验

（1）计算一致性指标 CI

$$CI = \frac{\lambda_{\max} - n}{n - 1} \qquad (4.4)$$

为了检验判断矩阵是否具有令人满意的一致性，这需要将 CI 与平均随机一致性指标 RI（表 4.13）进行比较。

表 4.13   平均随机一致性指标 RI

阶数	1	2	3	4	5	6	7	8	9	10	11	12	13	14	15
RI	0	0	0.58	0.90	1.12	1.24	1.32	1.41	1.45	1.49	1.52	1.54	1.56	1.58	1.59

资料来源：文献整理

（2）计算随机一致性比例 CR

$$CR = \frac{CI}{RI} \qquad (4.5)$$

一般的，当 $CR < 0.1$ 时，我们就认为判断矩阵具有令人满意的一致性；反之，当 $CR \geq 0.1$ 时，就需要调整判断矩阵，直到满意为止。

（二）状态层指标权重的计算

根据碳汇价值、生态价值、经济价值和社会价值指标构造判断矩阵如表 4.8 所示，先计算出判断矩阵的特征向量 W，然后经过归一化处理，使其满足 $\sum\limits_{i=1}^{n} W_i = 1$，即可求出各状态层对目标层的权重。

①计算判断矩阵每一行数值的乘积，并计算其 4 次方根：

$$\overline{W}_1 = \sqrt[4]{1 \times 3 \times 4 \times 4} = 2.632148$$

同理，$\overline{W}_2 = 1.316074$，$\overline{W}_3 = 0.537285$，$\overline{W}_4 = 0.537285$

②计算权重

对向量 $\overline{W}_i = (\overline{W}_1, \overline{W}_2, \overline{W}_3, \overline{W}_4)^T$ 归一化处理：

$$W_i = \overline{W}_i / \sum_{i=1}^{4} \overline{W}_i$$

求出 $W_1 = 0.5240$，$W_2 = 0.2620$，$W_3 = 0.1070$，$W_4 = 0.1070$，则所求出的 W_i 即为状态层各指标的权重。

③计算判断矩阵最大特征根 $\lambda_{max} = \sum\limits_{i=1}^{n} \dfrac{(BW)_i}{nW_i}$

$(BW) = (2.1659, 1.0785, 0.4323, 0.4323)$

$$\lambda_{max} = \sum_{i=1}^{n} \frac{(BW)_i}{nW_i} = 2.1659/(4 \times 0.5240) + 1.0785/(4 \times 0.2620)$$

$$+0.4323/(4 \times 0.1070) + 0.4323/(4 \times 0.1070) = 4.0829$$

④判断矩阵的一致性检验：

运用公式 $CI = \dfrac{\lambda_{max} - n}{n-1}$ 求得一致性指标 $CI = (4.0829 - 4)/(4-1) = 0.0276$。

为了检验判断矩阵是否具有令人满意的一致性，这需要将 CI 与平均随机一致性指标 RI（表 4.13）进行比较，得出随机一致性比例 $CR = \dfrac{CI}{RI} = 0.0276/0.90 = 0.0307 < 0.1$，判断矩阵具有令人满意的一致性，因此得到状态层指标权重为 $(W_{B1}, W_{B2}, W_{B3}, W_{B4}) = (0.5240, 0.2620, 0.1070, 0.1070)$。

（三）指标层指标权重的计算

利用专家评分的方法确定评价指标的相对优劣程度，从而构造针对指标层指标的两两判断矩阵，如表4.9、表4.10、表4.11、表4.12所示，进而确定其权重。

1. 根据表4.9进行计算

指标层中对应碳汇价值的指标只有固定二氧化碳价值一个指标，因此该指标的权重就是1，该判断矩阵由于是一阶判断矩阵，具有完全一致性。

2. 根据表4.10进行计算

①计算判断矩阵每一行数值的乘积，并计算其11次方根，得 $\overline{W_1}=1.272943$，$\overline{W_2}=0.69584$，$\overline{W_3}=1.673328$，$\overline{W_4}=0.849687$，$\overline{W_5}=2.120014$，$\overline{W_6}=0.660379$，$\overline{W_7}=0.703331$，$\overline{W_8}=0.72974$，$\overline{W_9}=0.938931$，$\overline{W_{10}}=1.530582$，$\overline{W_{11}}=0.849687$。

②计算权重：

对向量 $\overline{W_i}=(\overline{W_1}, \overline{W_2}, \overline{W_3}, \overline{W_4}, \overline{W_5}, \overline{W_6}, \overline{W_7}, \overline{W_8}, \overline{W_9}, \overline{W_{10}}, \overline{W_{11}})^T$ 归一化处理：

$$W_i = \overline{W_i} / \sum_{i=1}^{11} \overline{W_i}$$

求出 $W_1=0.105863$，$W_2=0.057869$，$W_3=0.13916$，$W_4=0.070663$，$W_5=0.176308$，$W_6=0.05492$，$W_7=0.058492$，$W_8=0.060688$，$W_9=0.078085$，$W_{10}=0.127289$，$W_{11}=0.070663$，则所求出的 W_i 即为指标层各指标的权重。

③计算判断矩阵最大特征根 $\lambda_{\max} = \sum_{i=1}^{n} \frac{(BW)_i}{nW_i}$。

（BW）=（1.241068，0.651897，1.721656，0.835615，1.911505，0.630101，0.669144，0.690359，0.938344，1.463844，0.82953）

$$\lambda_{\max} = \sum_{i=1}^{n} \frac{(BW)_i}{nW_i} = 11.59742$$

④判断矩阵的一致性检验：

运用公式求得一致性指标 $CI = \frac{\lambda_{\max} - n}{n-1}$ =（11.59742−11）/（11−1）=0.059742，和随机一致性比例 $CR = \frac{CI}{RI}$ =0.059742/1.52=0.039304，因为 $CR<0.1$，判断矩阵具有令人满意的一致性，因此得到指标权重为（ W_{C21}，W_{C22}，W_{C23}，W_{C24}，W_{C25}，W_{C26}，W_{C27}，W_{C28}，W_{C29}，W_{C210}，W_{C211} ）=（0.105863，0.057869，0.13916，0.070663，0.176308，0.05492，0.058492，0.060688，0.078085，0.127289，0.070663）。

3. 根据表 4.11 进行计算

指标权重（ W_{c31}，W_{c32} ）=（0.75，0.25），$\lambda_{\max} = \sum_{i=1}^{n} \frac{(BW)_i}{nW_i} = 2$，$CI=0$，由于是二阶判断矩阵，该矩阵具有完全一致性。

4. 根据表 4.12 进行计算

①计算判断矩阵每一行数值的乘积，并计算其 5 次方根，得：$\overline{W_1} = 0.90288$，$\overline{W_2} = 2.954177$，$\overline{W_3} = 0.467044$，$\overline{W_4} = 0.467044$，$\overline{W_5} = 1.718772$。

②计算权重：

对向量 $\overline{W_i} = (\overline{W_1}, \overline{W_2}, \overline{W_3}, \overline{W_4}, \overline{W_5})^T$ 归一化处理：

$$W_i = \overline{W_i} / \sum_{i=1}^{1} \overline{W_i}$$

求出 $W_1=0.138693$，$W_2=0.453796$，$W_3=0.071743$，$W_4=0.071743$，$W_5=0.264024$，则所求出的 W_i 即为指标层各指标的权重。

③计算判断矩阵最大特征根 $\lambda_{max} = \sum_{i=1}^{n} \dfrac{(BW)_i}{nW_i}$。

（BW）=（0.773224，2.379381，0.368485，0.368485，1.539215）

$$\lambda_{max} = \sum_{i=1}^{n} \dfrac{(BW)_i}{nW_i} = 5.384098$$

④判断矩阵的一致性检验：

运用公式求得一致性指标 $CI = \dfrac{\lambda_{max}-n}{n-1}$ =（5.384098−5）/（5−1）=

0.096025 和随机一致性比例 $CR = \dfrac{CI}{RI}$ =0.096025/1.12=0.085736，因为 $CR<0.1$，判断矩阵具有令人满意的一致性，因此得到指标权重为（W_{C41}，W_{C42}，W_{C43}，W_{C44}，W_{C45}）=（0.138693，0.453796，0.071743，0.071743，0.264024）。

（四）各指标在层次总体排序中的权重

根据表 4.8、表 4.9、表 4.10、表 4.11 和表 4.12 的计算结果，可以最终求得评价指标各自的权重，如表 4.14 所示；将二级指标按照在总体评价中的权重进行排序情况，如表 4.15 所示。

第一，状态层指标中碳汇价值、生态价值、经济价值和社会价值所占权重分别为 0.5240、0.2620、0.1070 和 0.1070，其中碳汇价值所占权重最大，这是因为广东碳汇林主要以吸收二氧化碳为主要目的，在创造的价值中所占比重必然最大；其次是生态价值，这主要是由于碳汇林不同于经济林和薪炭林等，它主要以维护当地的生态系统平衡和保护当地的环境为主要目的。

表 4.14 广东碳汇林价值评价指标权重计算表

目标层	状态层	权重	指标层	权重	各指标在总体评价中的权重
广东碳汇林价值评价（A）	碳汇价值（B1）	0.5240	固定二氧化碳价值（C11）	1	0.5240
	生态价值（B2）	0.2620	调节水量价值（C21）	0.105863	0.0277
			净化水质价值（C22）	0.057869	0.0152
			固土的价值（C23）	0.13916	0.0365
			保肥的价值（C24）	0.070663	0.0185
			释放二氧化碳价值（C25）	0.176308	0.0462
			吸收二氧化硫的价值（C26）	0.05492	0.0144
			吸收氟化物价值（C27）	0.058492	0.0153
			吸收氮氧化物价值（C28）	0.060688	0.0159
			阻滞粉尘的价值（C29）	0.078085	0.0205
			物种多样性价值（C210）	0.127289	0.0334
			林木营养年积累价值（C211）	0.070663	0.0185
	经济价值（B3）	0.1070	活立木生产价值（C31）	0.75	0.0803
			薪炭材价值（C32）	0.25	0.0268
	社会价值（B4）	0.1070	游憩价值（C41）	0.138693	0.0148
			就业增加价值（C42）	0.453796	0.0486
			科研教育价值（C43）	0.071743	0.0077
			景观美学价值（C44）	0.071743	0.0077
			企业形象价值（C45）	0.264024	0.0282

第二，指标层指标在总体评价中的权重排在前三的分别是固定二氧化碳价值、木材生产价值和就业增加价值，其权重分别为0.5240、0.08025和0.0486，占总权重的0.65285，这说明在广东碳汇林建设过程中除了要注重吸收二氧化碳外，还要注重木材的生产以及促进当地社区的发展。

表4.15　各指标权重排序表

指标	各指标在总体评价中的总权重
固定二氧化碳价值（C10）	0.5240
活立木生产价值（C31）	0.08025
就业增加价值（C42）	0.0486
释放氧气价值（C25）	0.046193
固土的价值（C23）	0.03646
物种多样性价值（C210）	0.03335
企业形象价值（C45）	0.0282
调节水量价值（C21）	0.027736
薪炭材价值（C32）	0.02675
阻滞粉尘的价值（C29）	0.020458
林木营养年积累价值（C211）	0.018514
保肥的价值（C24）	0.018514
吸收氮氧化物价值（C28）	0.0159
吸收氟化物价值（C27）	0.015325
净化水质价值（C22）	0.015162
游憩价值（C41）	0.0148
吸收二氧化硫的价值（C26）	0.014389
科研教育价值（C43）	0.0077
景观美学价值（C44）	0.0077

四、本章小结

　　本章运用频度分析法、专家咨询法和层次分析法建立广东碳汇林价值评价的指标体系，包括目标层、状态层和指标层，共计碳汇价值、生态价值、经济价值和社会价值4类19项指标。这些指标的权重通过运用层次分析法予以确定，其中状态层中碳汇价值指标的权重最大，充分表明碳汇林固定二氧化碳的目的。

第五章 广东碳汇林价值评价指标的
内涵与测度方法

一、碳汇价值指标的内涵与测度方法

森林与大气的物质交换主要是二氧化碳与氧气的交换，即森林固定并减少大气中的二氧化碳和提高并增加大气中的氧气，这对维持大气中二氧化碳和氧气的动态平衡，减少温室效应以及为人类提供适宜生存的基础都有着巨大的不可替代的作用（中国森林生态服务功能评估项目组，2010）。

（一）物理量计算

森林生物量固碳量评价方法。主要有以下几种：

1. 蓄积量法

以森林蓄积量数据为基础直接估算碳汇量的一种方法。其原理是根据对森林主要树种抽样实测，计算出森林中主要树种平均每立方米木材材积的含碳量即蓄积量与固碳量之间的转换因子，再根据转换因子与总蓄积量估算整个森林的固碳量。森林全部固碳量计算公式如下：

$$C_f = \sum \left(S_{ij} \times C_{ij} \right) + \alpha \sum \left(S_{ij} \times C_{ij} \right) + \beta \sum \left(S_{ij} \times C_{ij} \right) \quad (5.1)$$

$$C_{ij} = V_{ij} \times \delta \times \rho \times \gamma$$

式中：C_f 为森林固碳量，单位为 tc；

S_{ij} 为第 i 类地区第 j 类森林的面积，单位为 hm^2；

C_{ij} 为第 i 类地区第 j 类森林类型的森林碳密度，单位为 t/hm^2；

V_{ij} 为第 i 类地区第 j 类森林类型的森林单位面积蓄积量，单位为 m^3/hm^2；

α 为林下植物碳转换系数；

β 为林地碳转换系数；

δ 为生物量扩大系数；

ρ 为容积系数，单位为 t/m^3；

γ 为含碳率。

2. 生物量法

以森林生物量数据为基础的碳估算方法（李意德，1999），其步骤是，先求出森林的生物量，再由生物量与碳转换系数（单位生物量的含碳量），即中国林业温室气体清单课题组及刘国华等（2000）的测算结果为 0.5 得出碳汇量。根据计算基础和方式的不同，又可具体分为三种计算方法：平均生物量方法、平均换算因子法和换算因子连续函数法，其中生物量扩展因子法计算公式如下：

$$C_{PROJ\_Tr,AB,ijk,t} = V_{ijk,t} \cdot WD_j \cdot BEF_{j,v} \cdot CF_j \cdot A_{ijk} \quad (5.2)$$

$$C_{PROJ\_Tr,BB,ijk,t} = C_{PROJ\_Tr,AB,ijk,t} \cdot R_{jk} \quad (5.3)$$

$$C_{PROJ\_soc,ijk,t} = C_{PROJ\_Tr,AB,ijk,t} \cdot M_{jk} \quad (5.4)$$

式中：$C_{PROJ\_Tr,AB,ijk,t}$ 为 t 年时第 i 项目碳层、j 树种、k 年龄的林分地上生物量碳贮量，单位为 tc；

$C_{PROJ\_Tr,BB,ijk,t}$ 为 t 年时第 i 项目碳层、j 树种、k 年龄的林分地下生物量碳贮量，单位为 tc；

$C_{PROJ\_soc,ijk,t}$ 为 t 年时第 i 项目碳层、j 树种、k 年龄的林分土壤有机碳贮量，单位为 tc；

$V_{ijk,t}$ 为 t 年时第 i 项目碳层、j 树种、k 年龄的林分单位面积蓄积量，单位为 $m^3\,hm^{-2}$；

WD_j 为 j 树种的平均木材密度，单位为 $t\,m^{-3}$；

$BEF_{j,v}$ 为 j 树种林分从树干生物量转换到地上生物量的生物量扩展因子，无单位，该生物量扩展因子与材积有关。

CF_j 为 j 树种平均含碳率，无单位。

R_{jk} 为 j 树种 k 年龄林分生物量根茎比，无单位。

A_{ijk} 为第 i 项目碳层、j 树种、k 年龄的林分面积，单位为 hm^2。

M_{jk} 为 j 树种 k 年龄林地碳转换因子，无单位。

3. 光合作用法

根据光合作用化学反应方程式，确定森林所能固碳制氧比例关系，然后按照实际的森林面积、年材积生长量及树枝和树根的重量，便可计算出森林固定二氧化碳数量。

根据植物光合作用的方程式：

二氧化碳（264g）+ 水（108 g）→葡萄糖（108g）+ 氧气（192g）→多糖（162g），森林每形成 1t 干物质需要二氧化碳为 1.63t，以此为基础，从森林生态系统各林分的净初级生长量可推算出可固定的二氧化碳量，再根据 3.667t 二氧化碳（C 的原子量为 12，CO_2 的分子量为 44），因而存贮 1 tc 需净吸收 44/12t 二氧化碳，转换为 1 tc（郭清和，2005），便可计算出森林生态系统固定纯碳的量，计算公式如下：

$$G_碳 = A(1.63R_碳 B_年 + F_{土壤碳})$$ （5.5）

式中：$G_碳$ 为林分年固碳量，单位为 $t \cdot a^{-1}$；

A 为林分面积，单位为 hm^2；

$R_碳$ 为二氧化碳中碳的含量，为 27.27%；

$B_年$ 为林分净生产力，单位为 $t \cdot hm^{-2}a^{-1}$；

$F_{土壤碳}$ 为单位面积林分土壤年固碳量，单位为 $t \cdot hm^{-2}a^{-1}$。

广东碳汇林是一种生态公益林，其主要目的是吸收大气中的二氧化碳，减缓气候变暖带来的危害，因此固碳指标是很重要的指标，本研究采用以上三种方法进行计算，并和实际监测结果进行比较分析，取其平均值尽量能够准确地对其价值进行计量。

（二）价值量评估

碳汇林固碳价值取决于两个因素，一个是碳汇量，另一个是碳汇的价格，碳汇量已经在上述公式中得以确定，因此碳汇林固碳价值评价的关键环节就是要选择可行的方法确定碳汇的价格。目前，常见的碳汇价值确定方法主要有人工固定二氧化碳成本法、造林成本法、碳税法、变化的碳税法、损失估算法以及支付意愿法等。

1. 人工固定二氧化碳成本法

就是以工艺固定等量二氧化碳所花费的成本来计算森林固定二氧化碳的经济价值。

2. 造林成本法

该方法的思路是，既然植树造林是为了固定大气中的二氧化碳，那么森林固定二氧化碳的经济价值应该根据造林的费用来计算。

在国内，侯元兆根据近年来的造林成本，计算了中国主要人工造林固定二氧化碳的成本（表5.1）。

表 5.1　中国主要人工造林固定二氧化碳的成本

项目	杉木	马尾松	落叶松	泡桐	杨树	桉树	平均
木材生产成本（元／立方米）	143	114	128	103	112	154	125.7
土地机会成本（元／立方米）	143	114	128	103	112	154	125.7
木材固碳量（吨／立方米）	0.92	0.92	0.92	0.92	0.92	0.92	0.92
固定碳的成本（元／吨）	310.9	274.8	278.3	223.9	243.5	334.8	273.3

资料来源：文献整理

3. 碳税法

碳税法来源于对化石燃料征收碳税的建议，欧盟、挪威、丹麦和瑞典等国家或组织都曾向联合国提议对化石燃料征收碳税，以减缓温室效应，如瑞典政府提议的碳税税率为0.15美元／千克碳（刘璨、侯元兆，2002）。一些学者建议以碳税税率作为森林固定二氧化碳经济价值的计算标准，环境经济学家们大多使用瑞典税率（Anderson，1990；Pearce，1990）。因此，本研究采用瑞典碳税法进行计算，计算公式如下：

$$V_{c10}=G_{碳}C_{碳} \tag{5.6}$$

式中：V_{c10} 为碳汇林年固碳价值，单位为元／年；

$G_{碳}$ 为林分年固碳量，单位为吨／年；

$C_{碳}$ 为固碳价格，单位为元／年。

4. 变化的碳税法

该方法首先通过测量并计算出化石燃料（征收碳税）转化为无碳燃料（不征收碳税）的资金花费，然后以此金额作为税金。根据这种方法，1990年英国的安德森（Anderson）测量并计算出每立方米木材固定二氧化碳的经济价值为43英镑/立方米（侯元兆，1995）。

5. 损失估算法

大气二氧化碳浓度的不断增加会导致温室效应，而温室效应对人体健康和社会经济都会带来直接或间接的影响，损失估算法就是根据这种损失的大小来计算森林资源固定二氧化碳经济价值的一种方法。

二、生态价值指标的内涵与测度方法

（一）涵养水源价值

森林通过林冠层、枯枝落叶层和土壤层（靳芳等，2005）三个水文作用层对降雨进行截留、吸收和贮存，当上空雨水降落时，首先被林冠截留，然后顺枝干下流，因为林下活地被物和地表死地被物的层层阻拦和吸收，雨水缓缓渗入地下，减少了地表径流，其主要功能表现在增加可利用水资源、净化水质和调节径流（韩素芸，2009）三个方面。本研究选择调节水量和净化水质两个指标。

1. 调节水量

（1）物质量评估

森林涵养水源功能核算方法较多，目前有土壤蓄水估算法、水量平衡法、地下径流增长法和降水储存法等（中国森林资源核算项目组，2010）。

①运用地下径流增长法计算森林生态系统涵养水分的增加量，其运算公式：

$$Q = \sum (S_i \cdot J_i \cdot k_i \cdot R_i) \tag{5.7}$$

其中，Q——与裸地相比较，森林生态系统涵养水分的增加量；

S_i——第 i 种类型林地的面积；

J_i——评价区年均降雨总量；

k_i——不同区域的侵蚀性降雨比例（北方区取 0.4，南方区取 0.6）；

R_i——与裸地比较，森林生态系统减少径流的效益系数。

②利用各林种的平均蓄水能力来计算森林生态系统的蓄水总量，运算公式：

$$Q = \sum (S_i \times E_i) \tag{5.8}$$

其中，Q——森林生态系统涵养水分总量；

S_i——第 i 种类型林地的面积；

E_i——第 i 种类型林地的蓄水能力。

③用凋落物层吸水量和土壤贮水量之和来表示森林生态系统的蓄水总量。森林生态系统涵养水源功能表现为森林生态系统对降雨的再分配过程，通过森林植物层、凋落物层和土壤层三个作用层对

降雨的拦蓄作用实现，运算公式：

$$S=I+K+Q \quad\quad (5.9)$$

式中：I 为林冠的截留量；

K 为林地枯落物的持水量；

Q 为土壤毛细管孔隙的贮水量。

④水量平衡法。

从水量平衡角度，森林调节水量的总量为降水量与森林蒸发散（蒸腾和蒸发）及地表径流量的差值。由于林区快速地表径流（超渗径流）总量很小，可忽略不计。森林区域的降水量与森林蒸发散采用森林生态站长期观测数据或水文站径流量观测数据（中国森林资源核算小组，2010）。森林生态系统年调节水量公式：

$$G_调=10A（P-E-C） \quad\quad (5.10)$$

式中：$G_调$ 为林分年调节水量，单位为 m^3/a；

A 为林分面积，单位为 hm^2；

P 为降水量，单位为 $mm \cdot a^{-1}$；

E 为林分蒸散量，单位为 $mm \cdot a^{-1}$；

C 为地表径流量，单位为 $mm \cdot a^{-1}$。

⑤降水贮存量法（李金昌，1999）即用森林生态系统的蓄水效应来衡量其涵养水分的功能，计算公式：

$$Q=A \times J \times R \quad\quad (5.11)$$

$$J=J_0 \times K \quad\quad (5.12)$$

$$R=R_0-R_g \quad\quad (5.13)$$

式中，Q 为与裸地相比较，森林生态系统涵养水分的增加量；

A 为计算区森林面积；

J 为计算区多年平均产流降雨量（$P>20$mm）；

J_0 为计算区多年平均降雨总量；

K 为计算区产流降雨量占降雨总量的比例；

R 为与裸地比较，森林生态系统减少径流的效益系数；

R_0 为产流降雨条件下裸地降雨径流率；

R_g 为产流降雨条件下林地降雨径流率。

根据目前国内外的研究方法和成果，森林涵养水源的总量可以根据森林区域的水量平衡法来计算，亦可以根据森林土壤蓄水能力和森林径流量来计算（靳芳，2005）。通过对中国土壤蓄水能力、森林的水源涵养和森林区域的径流量等方法的对比得出，由于水量平衡法的计算结果能够比较准确地反映森林的年水源涵养量，水量平衡法较好（侯元兆，1995），因此本研究采用水量平衡法对广东碳汇林调节水量的价值进行计算。

（2）价值量评估

林地涵养水源价值根据水库工程的蓄水成本（替代工程法）来确定，采用如下公式计算：

$$V_{c21}= G_{调} \cdot C_{库} \qquad (5.14)$$

式中：V_{c21} 为广东碳汇林涵养水源的价值，单位为￥；

$G_{调}$ 为广东碳汇林林地涵养水源量，单位为 m^3；

$C_{库}$ 为水库库容投资，单位为 ￥/ m^3。

2. 净化水质

随着大气降水而进入森林生态系统的物质中，有二氯丁烷、苯等有机污染物，还有 C_a 等重金属元素。经过林冠层、地被物和土壤层的截留作用，这些污染物质不仅种类减少，而且浓度大为降低。

（1）年净化水量

森林生态系统年净化水量采用年调节水量的公式：

$$G_{调}=10A（P-E-C）\tag{5.15}$$

式中：$G_{调}$ 为林分年调节水量，单位为 m^3/a；

A 为林分面积，单位为 hm^2；

P 为降水量，单位为 $mm \cdot a^{-1}$；

E 为林分蒸散量，单位为 $mm \cdot a{-1}$；

C 为地表径流量，单位为 $mm \cdot a^{-1}$。

（2）年净化水质价值

森林生态系统年净化水质价值根据净化水质工程的成本（替代工程法），公式如下：

$$V_{c22}=10KA（P-E-C）\tag{5.16}$$

式中：V_{c22} 为林分年净化水质价值，单位为 ¥ $\cdot a^{-1}$；

K 为水的净化费用，单位为 ¥ $\cdot t^{-1}$；

A 为林分面积，单位为 hm^2；

P 为降水量，单位为 $mm \cdot a^{-1}$；

E 为林分蒸散量，单位为 $mm \cdot a^{-1}$；

C 为地表径流量，单位为 $mm \cdot a^{-1}$。

（二）固土保肥价值

森林群落的乔木层、下木层、草本层和草木地被物直接承受雨滴的冲击，减少或免遭雨滴对土壤表层的直接冲击，保持了土壤的结构，使雨水顺流下渗，减少地表径流和土壤水蚀，从而起到有效的固土保肥作用，防止风蚀和水蚀等。而且森林的生长发育及其代谢产物不断对土壤产生物理及化学影响，参与土体内部的能量与物质循环，使土壤肥力提高，森林是土壤养分的主要来源之一。本研究主要使用两个指标，即固土指标和保肥指标，以反映森林保育土壤功能。

1. 固土指标

当前森林土壤保持效益评价步骤为，首先确定森林减少土壤侵蚀量，核算森林减少土壤侵蚀的面积；其次，根据计量出的森林保土量分别核算森林减少土壤肥力流失、减少泥沙淤积和培育土壤的价值，最后把各项功能的价值加总。并且，在核算每种具体功能的价值时森林减少土壤侵蚀量是不可或缺的因子。显然森林减少土壤侵蚀量是核算森林土壤保持价值的基础，是核算体系的关键变量。

（1）物理量计算

目前，根据国内外森林保护土壤的研究方法和成果，有两种方法可以计算森林减少土壤侵蚀的总量：

①用无林地与有林地的土壤侵蚀差异来计算，即无林地与有林地的土壤侵蚀模数之差与相对应森林面积可算出森林保护土壤量。

②用无林地的土壤侵蚀量来计算。以无林地土壤侵蚀量来表示森林减少土壤侵蚀量的根据是森林土壤的侵蚀量为零，或者小到可以忽略不计。根据已有资料及实地调查，该种算法不切合实际（李怡，2010）。

森林的保土效益是从地表土壤侵蚀程度表现出来的，所以可以通过无林地土壤侵蚀模数与有林地土壤侵蚀模数之差来计算森林减少土壤侵蚀量（中国森林资源核算小组，2010）。广东碳汇林土壤侵蚀核算采用以下公式：

$$Y_S=A \cdot (X_2-X_1) \tag{5.17}$$

式中：Y_S 为林分年固土量，单位为 t/a；

X_2 为无林地土壤侵蚀模数，单位为 $t \cdot hm^{-2}a^{-1}$；

X_1 为有林地土壤侵蚀模数，单位为 $t \cdot hm^{-2}a^{-1}$；

A 为林分面积，单位为 hm^2。

（2）价值量评估

由于土壤侵蚀流失的泥沙淤积于水库中，减少了水库蓄积水的体积，因此本研究根据蓄水成本（替代工程法）计算林分年固土价值，公式如下：

$$V_{c23}=AC_{\pm}(X_2-X_1)/\rho \tag{5.18}$$

式中：V_{c23} 为林分年固土价值，单位为 $¥ \cdot a^{-1}$；

A 为林分面积，单位为 hm^2；

$C_{\pm}$ 为挖取和运输单位体积土方所需要费用，单位为 $¥ \cdot m^{-3}$；

X_2 为无林地土壤侵蚀模数，单位为 $t \cdot hm^{-2}a^{-1}$；

X_1 为有林地土壤侵蚀模数，单位为 $t \cdot hm^{-2}a^{-1}$；

ρ 为林地土壤密度，单位为 $t \cdot m^{-3}$。

2. 保肥指标

（1）物理量计算

森林减少养分流失物质量评价，可根据土壤侵蚀量与土壤表层 N、P、K 含量，确定土壤流失的养分；然后折算为尿素、过磷酸钙、氯化钾的量，公式如下：

$$G_N=AN(X_2-X_1) \tag{5.19}$$

$$G_P=AP(X_2-X_1) \tag{5.20}$$

$$G_K = AK \ (X_2 - X_1) \qquad\qquad (5.21)$$

式中：G_N 为森林固持土壤而减少的氮流失量，单位为 t/a；

　　　G_P 为森林固持土壤而减少的磷流失量，单位为 t/a；

　　　G_K 为森林固持土壤而减少的钾流失量，单位为 t/a；

　　　N 为林分土壤平均含氮量，单位为 %；

　　　P 为林分土壤平均含磷量，单位为 %；

　　　K 为林分土壤含钾量，单位为 %；

　　　X_2 为无林地土壤侵蚀模数，单位为 t·hm^{-2}a^{-1}；

　　　X_1 为有林地土壤侵蚀模数，单位为 t·hm^{-2}a^{-1}；

　　　A 为林分面积，单位为 hm^2。

（2）价值量评估

土壤侵蚀使土壤中的氮、磷、钾及有机质大量流失，从而增加了土壤的化肥施用量。因此，森林减少土壤氮、磷、钾、有机质损失的经济价值可根据"影子价格"来估算，即现行化肥价格来确定。本研究中森林保肥价值采用侵蚀土壤中的氮、磷、钾物质折合成磷酸二铵和氯化钾的价值来进行评价，公式如下：

$$V_{c24} = A \ (X_2 - X_1)(NC_1/R_1 + PC_1/R_2 + KC_2/R_3 + MC_3) \qquad (5.22)$$

式中：V_{c24} 为林分年保肥价值，单位为 ¥·a^{-1}；

　　　N 为林分土壤平均含氮量，单位为 %；

　　　C_1 为磷酸二铵化肥价格，单位为 ¥·t^{-1}；

　　　R_1 为磷酸二铵化肥含氮量，单位为 %；

　　　P 为林分土壤平均含磷量，单位为 %；

　　　R_2 为磷酸二铵化肥含磷量，单位为 %；

　　　K 为林分土壤含钾量，单位为 %；

C_2 为氯化钾化肥价格，单位为 ¥·t^{-1}；

R_3 为氯化钾化肥含钾量，单位为 %；

M 为林分土壤有机质含量，单位为 %；

C_3 为有机质价格，单位为 ¥·t^{-1}。

（三）释放氧气价值

森林生态系统通过森林植被和土壤具有释放氧气的功能。科学研究表明，1 公顷阔叶林每天可吸收 1000 千克二氧化碳，释放 730 千克氧气，这些氧气可满足近千人 1 天的需要，是天然的氧吧。

1. 物理量计算

年释氧量计算公式如下：

$$G_{氧}=1.19AB_{年} \tag{5.23}$$

式中：$G_{氧}$ 为林分年释氧量，单位为 t·a^{-1}；

A 为林分面积，单位为 hm^2；

$B_{年}$ 为林分净生产力，单位为 t·$hm^{-2}a^{-1}$。

2. 价值量评估

森林释氧价值计算公式如下：

$$V_{c25}=1.19C_{氧}AB_{年} \tag{5.24}$$

式中：V_{c25} 为林分年释氧价值，单位为 ¥·a^{-1}；

$C_{氧}$ 为氧气价格，单位为 ¥·t^{-1}；

A 为林分面积，单位为 hm^2；

$B_{年}$ 为林分净生产力，单位为 t·$hm^{-2}a^{-1}$。

（四）净化环境价值

本书将根据数据的可得性及研究方法，选取吸收污染物和滞尘两个方面反映碳汇林净化大气环境能力，估算碳汇林生态系统对二氧化硫、氟化物、氮氧化物和滞尘的吸收四个方面的净化价值。价值量评价法运用替代花费法，以去除二氧化硫和削减粉尘的成本来估算其价值。

1. 吸收污染物指标

二氧化硫、氟化物和氮氧化物是大气污染物的主要物质，因此本书选取广东碳汇林吸收二氧化硫、氟化物和氮氧化物三个指标评估广东碳汇林吸收污染物的能力。森林对二氧化硫、氟化物和氮氧化物的吸收，可使用面积—吸收能力法、阈值法、叶干物质量估算法等，本书采用面积—吸收能力法评估广东碳汇林吸收污染物的总量和价值。

（1）吸收二氧化硫

①物理量计算，公式如下：

$$G_{二氧化硫} = Q_{二氧化硫} A \qquad (5.25)$$

式中：$G_{二氧化硫}$ 为林分年吸收二氧化硫量，单位为 t/a；

$Q_{二氧化硫}$ 为单位面积林分年吸收二氧化硫量，单位为 $kg \cdot hm^{-2}a^{-1}$；

A 为林分面积，单位为 hm^2。

②价值量评估，公式如下：

$$V_{c26} = K_{二氧化硫} Q_{二氧化硫} A \qquad (5.26)$$

式中：V_{c26} 为林分年吸收二氧化硫价值，单位为 ¥·a^{-1}；

$K_{二氧化硫}$ 为二氧化硫治理费用，单位为 ¥·kg^{-1}；

$Q_{二氧化硫}$为单位面积林分年吸收二氧化硫量，单位为 $kg \cdot hm^{-2}a^{-1}$；

A 为林分面积，单位为 hm^2。

（2）吸收氟化物

①物理量计算，公式如下：

$$G_{氟化物} = Q_{氟化物}A \qquad （5.27）$$

式中：$G_{氟化物}$为林分年吸收氟化物量，单位为 t/a；

$Q_{氟化物}$为单位面积林分年吸收氟化物量，单位为 $kg \cdot hm^{-2}a^{-1}$；

A 为林分面积，单位为 hm^2。

②价值量评估，公式如下：

$$V_{c27} = K_{氟化物} Q_{氟化物} A \qquad （5.28）$$

式中：V_{c27} 为林分年吸收氟化物价值，单位为 ¥ $\cdot a^{-1}$；

$K_{氟化物}$为氟化物治理费用，单位为 ¥ $\cdot kg^{-1}$；

$Q_{氟化物}$为单位面积林分年吸收氟化物量，单位为 $kg \cdot hm^{-2}a^{-1}$；

A 为林分面积，单位为 hm^2。

（3）吸收氮氧化物

①物理量计算，公式如下：

$$G_{氮氧化物} = Q_{氮氧化物}A \qquad （5.29）$$

式中：$G_{氮氧化物}$为林分年吸收氮氧化物量，单位为 t/a；

$Q_{氮氧化物}$为单位面积林分年吸收氮氧化物量，单位为 $kg \cdot hm^{-2}a^{-1}$；

A 为林分面积，单位为 hm^2。

②价值量评估，公式如下：

$$V_{c28} = K_{氮氧化物} Q_{氮氧化物} A \qquad （5.30）$$

式中：V_{c28} 为林分年吸收氮氧化物价值，单位为 ¥ · a^{-1}；

$K_{氮氧化物}$ 为氮氧化物治理费用，单位为 ¥ · kg^{-1}；

$Q_{氮氧化物}$ 为单位面积林分年吸收氮氧化物量，单位为 $kg · hm^{-2}a^{-1}$；

A 为林分面积，单位为 hm^2。

2. 滞尘指标

粉尘是重要大气污染物之一，碳汇林有阻挡、过滤和吸附粉尘的作用，可提高空气质量。森林树木形体高大，枝叶茂盛，具有降低风速的作用，使大颗粒的灰尘因风速减弱在重力作用下而沉降于地面；树叶表面因为粗糙不平、多绒毛、有油脂和黏性物质，又能吸附、滞留粘着一部分粉尘，从而使大气含尘量降低。因此滞尘功能是碳汇林生态系统重要的服务功能之一。

（1）物理量计算

计算公式如下：

$$G_{滞尘} = Q_{滞尘}A \qquad (5.31)$$

式中：$G_{滞尘}$ 为林分年滞尘量，单位为 t/a；

$Q_{滞尘}$ 为单位面积林分年滞尘量，单位为 $kg · hm^{-2}a^{-1}$；

A 为林分面积，单位为 hm^2。

（2）价值量评估

计算公式如下：

$$V_{c29} = K_{滞尘}Q_{滞尘}A \qquad (5.32)$$

式中：V_{c29} 为林分年滞尘价值，单位为 ¥ · a^{-1}；

$K_{滞尘}$ 为降尘治理费用，单位为 ¥ · kg^{-1}；

$Q_{滞尘}$ 为单位面积林分年滞尘量，单位为 $kg · hm^{-2}a^{-1}$；

A 为林分面积，单位为 hm^2。

（五）保持生物多样性价值

1. 生物多样性的定义

20 世纪 80 年代初，"生物多样性"（biological diversity 或 biodiversity）一词出现在一些自然保护刊物上。1992 年联合国环境与发展大会通过的《生物多样性公约》将生物多样性定义为"所有来源的活的生物体中的变异性，这些来源包括陆地、海洋和其他水生生态系统及其所构成的生态综合体，包括种内、物种之间和生态系统的多样性"（张颖，2005）。

1995 年，联合国环境规划署在《全球生物多样性评估》中将生物多样性定义为生物和它们组成的系统的总体多样性和变异性（联合国规划署，1995）。

2. 生物多样性的层次

目前，大家比较认同的生物多样性的定义包括三个层次，即遗传多样性、物种多样性和生态系统多样性（国家环保局，1998）。其中，物种多样性又是三个层次中最明显、最容易测定的。

（1）物种多样性

物种的多样性是指森林生态系统中各种生物种的数量和分布频率，主要研究内容包括各物种的形成、演化、维持，以及森林生态系统中的濒危物种的状况、灭绝速率、灭绝原因及物种的保护措施等，它常用物种丰富度来表示。所谓物种丰富度是指一定面积内物种的总数目。

（2）遗传多样性

遗传多样性也称为基因多样性，是指种内基因的变化，包括种内显著不同的种群间和统一种群内的遗传变异。因而遗传多样性是物种多样性的反映，也是生态系统多样性的重要体现。

（3）生态系统多样性

生态系统多样性是指生物圈内生境、生物群落和生态过程的多样化以及生态系统内生境的差异、生态过程的多样化。它既存在于生态系统之间，也存在于一个生态系统之内。在前一种情况下，在各个地区不同物理背景中形成多样的生境，分布着不同的生态系统；在后一种情况下，一个生态系统的群落由不同的种类组成，它们的结构关系多样，它们执行的功能不同，因而在生态过程中的作用也很不一致。

3. 生物多样性的价值

生物多样性的价值分为直接使用价值和间接使用价值，具体情况见表5.2。

4. 森林生物多样性价值评估方法

目前，各国对森林生物多样性价值评估的方法主要分为三类，即市场估价法，揭示、陈述偏好法和综合技术评价法（张颖，2002）。

（1）市场估价法

市场估价法具体包括四种主要方法。

第一，实际市场价法，也叫市场法（李金昌，1991）。它是由在森林生物多样性交易和转让或投标竞争中，直接形成的市场价格。这种价格尤其适合一些动植物物种的引进与交易。在许多情况下，生物多样性资源很少或者根本不进行交易。实际市场价法需要完善的市场体系，其经济学意义就在于森林生物多样性具有市场价值，可进行市场交易。

表 5.2 生物多样性的价值

资料来源	生物多样性价值分类				
	直接使用价值		间接使用价值		
《保护世界的生物多样性》	（1）消耗性利用价值（薪材、野味等非市场价值）；（2）生产利用价值（木材、鱼等商业价值）		（1）非消耗性利用价值（科学研究、观鸟等）；（2）选择价值（保留对将来有用的价值）；（3）存在价值（野生生物存在的伦理感觉上的价值）		
《生物多样性国情研究报告》	（1）直接用途（显著的实物形式）；（2）直接用途（不显著或无实物的形式）；（3）间接用途（生态功能）；（4）选择价值；（5）存在价值				
《挪威生物多样性国家研究报告》	使用价值		非使用价值		
	（1）直接消费利用；（2）非消费（间接）利用		（1）选择价值；（2）存在价值；（3）保留价值		
《生物多样性的经济价值》	使用价值		非使用价值		
	直接使用价值	间接使用价值	潜在选择价值	潜在保留价值	存在价值
	直接消费功能支出：食品、生物量、娱乐、健康	功能效益：控制水灾、减少暴风雨的影响、营养物质循环	未来直接和间接价值：保存栖息地	使用和非使用环境遗产价值：栖息地，预防不可逆转变化	知识继续存在价值：栖息地、种、发展和生态系统
《中国生物多样性国情研究报告》	使用价值		选择价值（潜在价值）		
	直接使用价值	间接使用价值	为后代人提供的选择机会的价值		

资料来源：文献整理

第二，预期净收入现值法。它是通过估算森林生物多样性资产的未来净收入，并以反映未来收益风险和现在对未来收益流量的选择的贴现率对这些收益流量打折扣的方法来计算（联合国，1994）。

第三，净价法。净价法是森林生物多样性产品（原料）的实际市场价，减去包括投资在内的生产成本正常收益率，然后用森林生物多样性资产的存量乘净价而对其进行价值评估的方法。这一方法适用于野生生物群的价值评估。它是预期净收入现值法的简化方法。它假定由于使用可得到的资金而产生的未来贴现收入的流量忽略不计。在我国，许多人又把这一方法称为逆算法。

第四，机会成本法。由于在森林生物多样性稀缺的条件下，该资源一旦用于某种商品的生产，就失去了另一种商品生产的机会，即选择了一种机会就意味着放弃了另一种机会。使用森林生物多样性的机会成本是把该资源投入某一特定用途后所放弃的在其他用途中所能够获得的最大收益。

在使用机会成本法估算森林生物多样性的机会成本时，可以用森林生物多样性作为其他用途时可能获得的收益来表示。

一般来说，机会成本法估算的森林生物多样性的价值，可以看作其价值的最低价值。因为机会成本法是基于市场价值的估算方法，尤其是生物多样性的某些价值目前没有被人们所利用或发现，使用该法是较好的一种方法，计算公式如下：

$$V_{c210}=S \cdot K \qquad\qquad （5.33）$$

式中：V_{c210} 为广东碳汇林年保护生物多样性价值，单位为 ¥/a；

K 为单位面积年保护生物多样性价值，单位为 ¥/hm$^2 \cdot$ a；

S 为林分面积，单位为 hm^2。

（2）揭示、陈述偏好法

在环境经济评价中，个人评价是一个十分重要的概念。评价中，一般假设人们对环境质量和自然资源保护的偏好对资源的配置有重要影响（联合国，1992）。环境经济评价的基础是人们对环境改善的支付意愿（willingness to pay，WTP），或对环境损失的接受赔偿意愿（willingness to accept，WTA）。因此，许多环境经济评价的方法是从揭示和陈述人们的偏好开始的。

揭示偏好法是通过考察人们与森林生物多样性密切相关的市场中所支付的价格或获得的利益，间接推断人们对森林生物多样性的偏好，并以此来估算森林生物多样性变化的经济价值。目前，揭示偏好法主要包括内涵资产定价法、防护支出法、重置成本法和旅行费用法（张颖，2005）。

陈述偏好法，主要包括意愿调查法。它主要通过向有关人群（样本）提问，确定森林生物多样性的价值。这种方法对森林生物多样性的非使用价值的评估非常有用，尤其对存在价值的评估十分重要（郭清和，2005）。

（3）综合技术评价法

综合技术评价法是根据最优控制技术和影响森林生物多样性的各种因素建立起来的价格模型。由于这一价格模型在理论上可行，但在实践中尚处于探索阶段，因而在实际操作中未能普遍推广。

（六）积累营养物质价值

森林在其生长过程中不断从大气、土壤和降水中吸收氮、磷、钾等营养元素，固定在植物体中，成为全球生物地化循环不可缺少的环节。这些营养元素一部分通过生物地球化学循环以枯枝落叶形式归还土壤，一部分以树干淋洗和地表径流等形式流入江河湖泊；

另一部分则以林产品形式输出生态系统，再以不同形式释放到周围环境中（靳芳，2005）。

1. 林木营养年积累量

森林干物质中含量相对较大的是氮、磷、钾三种营养元素，因此本研究主要计算广东碳汇林干物质积累的氮、磷、钾三种元素物质含量，其计算公式如下：

$$G_{氮}=AN_{营养}B_{年} \tag{5.34}$$

$$G_{磷}=AP_{营养}B_{年} \tag{5.35}$$

$$G_{钾}=AK_{营养}B_{年} \tag{5.36}$$

式中：$G_{氮}$——林分固氮量，单位为 t/a；

$\quad G_{磷}$——林分固磷量，单位为 t/a；

$\quad G_{钾}$——林分固钾量，单位为 t/a；

$\quad N_{营养}$——林木氮元素含量，单位为 %；

$\quad P_{营养}$——林木磷元素含量，单位为 %；

$\quad K_{营养}$——林木钾元素含量，单位为 %；

$\quad B_{年}$为林分净生产力，单位为 $t \cdot hm^{-2}a^{-1}$；

$\quad A$ 为林分面积，单位为 hm^2。

2. 林木营养年积累价值

通过把林木吸收的氮、磷、钾三种元素折合成磷酸二铵和氯化钾，即得到林木营养年积累价值，其计算公式如下：

$$V_{c211}=AB_{年}（N_{营养}C_1/R_1+P_{营养}C_1/R_2+K_{营养}C_2/R_3） \tag{5.37}$$

式中：V_{c211}——林分营养物质年积累价值，单位为 ¥/a；

$\quad N_{营养}$——林木氮元素含量，单位为 %；

$\quad P_{营养}$——林木磷元素含量，单位为 %；

$K_{营养}$——林木钾元素含量，单位为 %；

R_1 为磷酸二铵化肥含氮量，单位为 %；

R_2 为磷酸二铵化肥含磷量，单位为 %；

R_3 为氯化钾化肥含钾量，单位为 %；

C_1 为磷酸二铵化肥价格，单位为 $¥ \cdot t^{-1}$；

C_2 为氯化钾化肥价格，单位为 $¥ \cdot t^{-1}$；

$B_{年}$ 为林分净生产力，单位为 $t \cdot hm^{-2}a^{-1}$；

A 为林分面积，单位为 hm^2。

三、经济价值指标的内涵与测度方法

（一）活立木生产价值

目前，对森林活立木生产效益的评价方法主要有收益法、成本法、市场价格倒算法等。

1. 立木市场价法

指按评价立木在树种、林龄、直径、树高、形率、数量、采伐方式、地理条件、交易情况等相似的立木买卖实例为标准，进行评价的方法。在拥有公开、活跃与发育较完善的林木资源交易市场的条件下，现行市价法是一个简单而有效的评估方法。它适用于各龄组林木的价值评估。它基于研究区域内各类林分的现有蓄积量、年净生长率以及活立木林价（$¥/m^3$）因子，三者相乘即可得到各林分活立木价值。计算公式如下：

$$V_{c31} = \sum V_i N_i P_i \qquad (5.38)$$

式中：V_{c31} 为活立木价值；

V_i 为广东碳汇林各林分的活立木蓄积量，单位为 m^3；

N_i 为各林分的年净生长率，单位为 %；

P_i 为各类林木的活立木林价，单位为 $¥/m^3$。

本研究将广东碳汇林建设所花费的成本进行考虑，将立木市场价法进行修正，计算公式如下：

$$V_{c31}=GT（P-C）\qquad（5.39）$$

式中：V_{c31} 为活立木价值，单位为元；

G 为碳汇林各林分的活立木蓄积量，单位为 m^3；

T 为平均出材率，单位为 %；

P 为木材平均销售价，单位为 $¥/m^3$；

C 为木材平均生产成本，单位为 $¥/m^3$。

2. 市场价格倒算法

指将被评估林木采伐后取得的木材销售总收入，扣除木材交易的经营成本、税费和应得的交易中的经营利润，得出林木的评估价值。市场价倒算法的公式：

$$E_n=W-C-F\qquad（5.40）$$

其中：E_n 为林木评估值；

W 为销售总收入；

C 为经营成本；

F 为经营利润。

3. 收益净现值法

收益净现值法适用于在未来经营期内每年有一定收益的经济林林木的评估。

4. 重置成本法

重置成本法是按现时工价及生产水平，将重新营造一块与被评估林木相类似林分所需的成本费用，作为被评估林木价值的方法。人工林的幼树和小径林木的评估都适宜采用重置成本法。天然林的幼树和小径林木的价值评估，可参考营造人工林时的成本费用，经适当调整后作为其评估价值。

5. 收获现值法

收获现值法是将经收获表预测的被评估林木采伐时的纯收益进行折现。在此纯收益中将扣除至主伐期间所支出的抚育成本和管护费用。

（二）薪材价值

广东碳汇林除提供木材外，其根、枝和树叶可作为燃料，虽然不是主要的经济效益，但在经济计量中也应予以考虑，计算公式如下：

$$V_{c32} = \sum_{i=1}^{n} W_i S P_i \qquad (5.41)$$

式中：V_{c32} 为广东碳汇林薪炭材价值；

W_i 为广东林薪材产品单位面积生物量；

S 为广东碳汇林面积；

P 为薪材平均价格。

四、社会价值指标的内涵与测度方法

（一）游憩价值

最初，游憩（recreation）一般是指不过夜的休闲行为，而旅游（tourism）则是指在目的地过夜（超过 24h）的行为。现在西方国家的地理学家、社会学家在使用游憩这一概念时，往往包含了上述两种含义。

广东碳汇林建成之后会吸引国内游客前来旅游，产生具有显性使用价值的门票、旅行费用等和隐性使用价值的游憩资源。

目前森林游憩功能价值估算方法常用的有阿特奎逊法、生产成本法、消耗与再生产评价法、机会成本法、费用支持法、旅行费用法（TCM）、条件价值法等（吴楚材，1992；王连茂、尚新伟，1993）。

（二）就业增加价值

广东碳汇林为当地农民提供的就业机会是广东碳汇林建设社会价值的一项主要内容，主要包括整地、栽植、当年抚育和管护。评估广东碳汇林建设的就业增收价值，可采用以下计算公式：

$$V_{c42}=V_{整地}+V_{栽植}+V_{抚育}+V_{管护} \qquad (5.42)$$

式中：V_{c42} 为广东碳汇林就业增收价值；

$V_{整地}$ 为整地人工费用；

$V_{栽植}$为栽植人工费用；

$V_{抚育}$为当年抚育人工费用；

$V_{管护}$为管护费用。

（三）科研教育价值

碳汇林科研教育价值主要作为科学研究基地，为生物学、生态学、遗传学和生物保护学提供试验场地；通过生态旅游和文化旅游，普及科学知识，提高大众碳汇林意识；进行国内合作，吸引国内其他省份专家前来进行考察，实施碳汇林项目，在国内建造更多的碳汇林。该项价值的计算方法主要包括意愿调查法和旅行费用法等。

（四）景观美学价值

景观作为环境的重要组成部分已经成为人们日常生活中的一部分。现代人比以往更加重视环境与人的生活的联系，更加重视人在环境中的各种体验、感受等心理状况。广东碳汇林的景观功能在于让游客安静、舒畅地欣赏千姿百态的自然景色，了解与景区相关的历史和文化，使平常由于就业压力和工作压力而紧张的神经得以松懈，补偿在日常生活环境中得不到的精神享受，从而获得一种清晰的、满足的和典型的审美情绪。

（五）企业形象价值

广东碳汇林建设资金最终来自国内企业，是我国企业承担社会责任的自觉行为。国内企业通过对碳汇林建设的资助，无形中树立了企业的形象，体现了企业的社会价值，促进了企业产品的销售，很好地协调了企业、社会和消费者之间的关系。

五、本章小结

本章结合文献资料和广东碳汇林实际情况，进一步对各个指标进行解读，分析了各指标的内涵和计算方法。具体计算方法主要有市场价值法、替代市场价值法和假想市场价值法。该指标体系的建立以及对评价方法的研究，将有助于对广东碳汇林所产生的价值进行比较准确的计量，为广东碳汇林建设相关政策和措施的制定以及为碳汇林的经营管理提供支持。

第六章　广东碳汇林综合价值计量

一、数据来源及说明

（一）基础数据来源和取用

在构建评价指标体系的基础之上，准备工作的重点是进行实地调研和各种资料的收集工作。笔者前往评价区龙川县和汕头市潮阳区，走访了当地的管理者，就碳汇林的实际操作情况和碳汇林的管理情况进行访谈，以此获得本书所需要的部分资料。为了收集到更为详尽的资料，笔者还查阅了《2011年广东省统计年鉴》《2011年河源统计年鉴》《汕头市统计年鉴2011》以及众多的文献资料。这也是本实证评价的主要依据，评价均基于对这些资料的整理、分析。

（二）折现率的确定

本书对广东碳汇林价值评价的立足点是以2007年为基点的，研究通过20年（2008—2027）建设，广东碳汇林的综合价值能达到多少。由于是对未来碳汇林建设成果在2007年进行的评价，需要采用折现率将未来碳汇林的价值转换为现值。折现率水平应以行业平均收益率为基础，同时应高于国债利率和银行利率。近几年我国一年期利率调整情况见表 6.1。

表 6.1　中央人民银行利率调整表（1993—2011）单位：%

数据上调时间	存款基准利率			贷款基准利率		
	调整前	调整后	调整幅度	调整前	调整后	调整幅度
2011 年 2 月 9 日	2.75	3.00	0.25	5.81	6.06	0.25
2010 年 12 月 26 日	2.50	2.75	0.25	5.56	5.81	0.25
2010 年 10 月 20 日	2.25	2.50	0.25	5.31	5.56	0.25
2008 年 12 月 23 日	2.52	2.25	-0.27	5.58	5.31	-0.27
2008 年 11 月 27 日	3.60	2.52	-1.08	6.66	5.58	-1.08
2008 年 10 月 30 日	3.87	3.60	-0.27	6.93	6.66	-0.27
2008 年 10 月 9 日	4.14	3.87	-0.27	7.20	6.93	-0.27
2008 年 9 月 16 日	4.14	4.14	0.00	7.47	7.20	-0.27
2007 年 12 月 21 日	3.87	4.14	0.27	7.29	7.47	0.18
2007 年 9 月 15 日	3.60	3.87	0.27	7.02	7.29	0.27
2007 年 8 月 22 日	3.33	3.60	0.27	6.84	7.02	0.18
2007 年 7 月 21 日	3.06	3.33	0.27	6.57	6.84	0.27
2007 年 5 月 19 日	2.79	3.06	0.27	6.39	6.57	0.18
2007 年 3 月 18 日	2.52	2.79	0.27	6.12	6.39	0.27
2006 年 8 月 19 日	2.25	2.52	0.27	5.85	6.12	0.27
2006 年 4 月 28 日	2.25	2.25	0.00	5.58	5.85	0.27
2005 年 3 月 17 日				提高了住房贷款利率		
2004 年 10 月 29 日	1.98	2.25	0.27	5.31	5.58	0.27
2002 年 2 月 21 日	2.25	1.98	-0.27	5.85	5.31	-0.54
1993 年 7 月 11 日	一年期定期存款利率 9.18% 上调到 10.98%		1.80			

数据上调时间	存款基准利率			贷款基准利率		
	调整前	调整后	调整幅度	调整前	调整后	调整幅度
1993 年 5 月 15 日	各档次定期存款年利率平均提高 2.18%			各项贷款利率平均提高 0.82%		

资料来源：文献整理

　　但是，折现率不完全等于利率，各年利率情况的调整为折现率的确定只是提供了一个大致的范围，中国社科院谭运嘉等（2009）运用社会时间偏好率法（SRTP）和资本的机会成本法（SOC）则对我国东部、中部和西部区域的社会折现率进行了综合测算[①]，具体情况见表 6.2。

表 6.2　我国分区域社会折现率估算

方法	模型	东部	中部	西部
社会时间偏好率法（SRTP）	两阶段消费效用函数模型	3.2	4.9	6.3
资本的机会成本法（SOC）	动态生产函数模型	7.3	9.1	10.2
SDR（%）综合测算	加权平均模型	5.9	7.3	8.6

　　综合以上结论，本书选取 7% 作为折现率。其计算公式如下：

$$PV=FV/(1+i)^n \tag{6.1}$$

　　其中：PV——现值（present value）；

　　FV——期末金额（final value）；

　　i——折现率；

[①] 谭运嘉，李大伟，王芬．中国分区域社会折现率的理论、方法基础与测算［J］．工业技术经济，2009（5）：6-69.

n——评估期数。

二、广东碳汇林价值计量

（一）固定二氧化碳价值计量

1. 物理量计算

（1）蓄积量法

广东碳汇林红锥、火力楠、木荷和黎蒴种植面积分别为 56.1 公顷、56.1 公顷、83.7 公顷、37.4 公顷，台湾相思 100 公顷，山杜英、桉树各 33.3 公顷（图 6.1）。

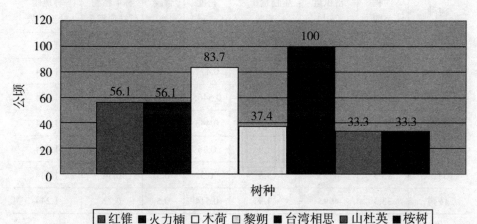

图 6.1　广东碳汇林各树种分布图

根据有关文献和 IPCC 缺省值[①]：红椎平均木材密度为 0.676t/m³，根茎比 0.24；火力楠平均木材密度为 0.477t/m³，根茎比 0.30；木荷

---

① 《中国绿色碳基金中国石油龙川县碳汇项目实施方案》《中国绿色碳基金中国石油汕头市潮阳区碳汇项目实施方案》。

平均木材密度为 0.5465t/m³，根茎比为 0.24；黎蒴的平均木材密度为 0.443t/m³，根茎比取 0.24；台湾相思的相关参数采用平均木材密度 0.86t/m³，根茎比 0.24；山杜英平均木材密度为 0.48t/m³~0.60t/m³，保守估计取 0.5t/m³，根茎比 0.34；赤桉木材密度为 0.514t/m³，根茎比为 0.22，含碳率取 0.5，各树种含碳率取 0.5，各树种每公顷年均生长量取 7.5 立方米，生物量扩大系数取 1.9（中国可持续发展林业战略研究项目组，2003），林地碳转换系数取 1.244（李顺龙，2005），各树种系数见表 6.3，按照这些数据，采用蓄积量法计算的广东碳汇林固碳量为 753076.12 吨碳。

表 6.3　广东碳汇林各树种系数

树种	面积（公顷）	蓄积量（m³）	生物量扩大系数	密度（t/m³）	含碳率	林下植物碳转换系数	林地碳转换系数
红锥	56.1	8415	1.9	0.676	0.5	0.24	1.244
火力楠	56.1	8415	1.9	0.477	0.5	0.30	1.244
木荷	83.7	12555	1.9	0.5465	0.5	0.24	1.244
黎蒴	37.4	5610	1.9	0.443	0.5	0.24	1.244
台湾相思	100	15000	1.9	0.86	0.5	0.24	1.244
山杜英	33.3	4995	1.9	0.5	0.5	0.34	1.244
桉树	33.3	4995	1.9	0.514	0.5	0.22	1.244

资料来源：文献整理

同理，可以计算出广东碳汇林其他树种的固碳量，具体情况见表 6.4，从表中可以看出，广东碳汇林在项目期内共计吸收 88237.36 吨碳，折合为 323536.99 吨二氧化碳。

表 6.4 广东碳汇林各树种固碳情况 单位：tc

树种	红锥	火力楠	木荷	黎蒴	台湾相思	山杜英	桉树	合计
固碳量	13423.82	9700.93	16191.31	5864.65	30441.42	6605.39	6009.84	88237.36

（2）生物量法

根据有关文献和 IPCC 缺省值，红椎平均木材密度为 $0.676t/m^3$，BEF 为 1.56，根茎比 0.24；火力楠平均木材密度为 $0.477t/m^3$，BEF 取 IPCC 缺省值 3.4，根茎比 0.30；木荷平均木材密度为 $0.5465t/m^3$，根茎比为 0.24，BEF 取值为 1.1435（王斌等，2009）；黎蒴的平均木材密度为 $0.443t/m^3$，BEF 为 1.54，根茎比取 0.24；台湾相思的相关参数采用平均木材密度 $0.86t/m^3$，根茎比 0.24，BEF 取值为 1.1435（王斌等，2009）；山杜英平均木材密度为 $0.48t/m^3 \sim 0.60t/m^3$，保守估计取 $0.5t/m^3$，根茎比 0.34，BEF 取值为 1.1435（王斌等，2009）；赤桉木材密度为 $0.514t/m^3$，根茎比为 0.22，BEF 为 1.43，以上各树种木材含碳率取 0.5，各树种每公顷年均生长量取 7.5 立方米，林地碳转换系数取 1.244（李顺龙，2005）。广东碳汇林红锥、火力楠、木荷和黎蒴种植面积分别为 56.1 公顷、56.1 公顷、83.7 公顷、37.4 公顷，台湾相思 100 公顷，山杜英、桉树各 33.3 公顷，各树种基本情况见表 6.5。

表 6.5 广东碳汇林各树种基本情况

树种	面积（公顷）	蓄积量（m³）	BEF	密度（t/m³）	含碳率	林地碳转换系数	根茎比
红锥	56.1	8415	1.56	0.676	0.5	1.244	0.24
火力楠	56.1	8415	3.4	0.477	0.5	1.244	0.30
木荷	83.7	12555	1.1435	0.5465	0.5	1.244	0.24

续表

黎蒴	37.4	5610	1.54	0.443	0.5	1.244	0.24
台湾相思	100	15000	1.1435	0.86	0.5	1.244	0.24
山杜英	33.3	4995	1.1435	0.5	0.5	1.244	0.34
桉树	33.3	4995	1.43	0.514	0.5	1.244	0.22

资料来源：文献整理

采用公式（5.2）、公式（5.3）和公式（5.4）进行计算，得出各树种的地上生物量碳储量和地下生物量碳储量以及土壤碳库，具体计算结果见表6.6，将这些碳折算为二氧化碳，则广东碳汇林共计吸收 218155.83 吨二氧化碳。

表 6.6　广东碳汇林各树种固碳情况 单位：tc

树种	地上生物量碳储量	地下生物量碳储量	土壤碳库	合计
红锥	4437.06	1064.90	5519.70	11021.66
火力楠	6823.72	2047.12	8488.71	17359.55
木荷	3922.95	941.51	4880.15	9744.61
黎蒴	1913.63	459.27	2380.55	4753.45
山杜英	1427.95	485.50	1776.36	3689.81
台湾相思	7375.58	1770.14	9175.22	18320.94
桉树	1835.71	403.86	2283.63	4523.2
总计				69413.22

（3）光合作用法

广东龙川县碳汇林所栽植树木都是"碳汇"能力较强的红锥、木荷、黎蒴、红香等优良乡土树种，广东汕头潮阳区碳汇林种植的是台湾相思、山杜英、桉树、木荷等树种，这些树种都属于阔叶树，其年平均净生产力为 5.096t/hm^2·a（谌小勇、彭元英、张昌建，1996），林地单位面积年固碳量为 1.647 t·hm^{-2}·a^{-1}（表6.7）。

表 6.7 森林土壤年固碳量

森林类型	林分面积（hm^2）	单位面积土壤年固碳量（$t \cdot hm^{-2} \cdot a^{-1}$）	总固碳量（$t \cdot a^{-1}$）
阔叶树	2603993.8	1.647	4287736.191
柏木	133470.6	0.656	87543.367
国外松	323649.4	0.771	249566.052
杨树	113209.9	1.647	186411.619
桉树	18266.5	1.647	30077.619
杉木	2791460.6	0.656	1830919.008
三杉	13185.7	0.656	8648.501
马尾松	2439562.9	0.777	1895296.417
合计	8436799.4		8576198.575

资料来源：根据李晓曼、康文星的文章整理。

根据以上数据利用公式（5.5）进行计算求出广东碳汇林年固碳量，具体计算结果见下表 6.8，从表中可知在 20 年的项目期内，广东碳汇林共计可吸收 31289.8 吨碳，折合为 114729.27 吨二氧化碳。

表 6.8 广东碳汇林各树种年固碳量

树种	面积（公顷）	$R_{碳}$，二氧化碳中碳的含量（%）	$B_{年}$，林分净生产力（$t \cdot hm^{-2} \cdot a^{-1}$）	$F_{土壤碳}$，单位面积林分土壤年固碳量（$t \cdot hm^{-2} \cdot a^{-1}$）	林分年固碳量（$t \cdot a^{-1}$）
红锥	56.1	27.27	5.096	1.647	219.47
火力楠	56.1	27.27	5.096	1.647	219.47
木荷	83.7	27.27	5.096	1.647	327.45
黎蒴	37.4	27.27	5.096	1.647	146.32
台湾相思	100	27.27	5.096	1.647	391.22
山杜英	33.3	27.27	5.096	1.647	130.28

续表

桉树	33.3	27.27	5.096	1.647	130.28
总计					1564.49

（4）实际监测结果

广东碳汇林项目组在 2008 年对广东碳汇林进行了监测，该监测过程考虑了原有植被生物量的变化、项目内边界温室气体排放、燃料引起的泄漏等情况，同时计量和监测地上生物量和地下生物量，不涉及枯落物、粗木质残体和土壤有机质等碳库，具体监测结果见表 6.9 和 6.10。

表 6.9 广东龙川县碳汇林净碳汇量表

年份	碳储量变化量		温室气体排放量		泄露		基线碳储量变化		净碳汇量	
	年变化 (t·CO$_2$/a)	累计 (t·CO$_2$)	年排放 (t·CO$_2$/a)	累计 (t·CO$_2$)	年变化 (t·CO$_2$/a)	累计 (t·CO$_2$)	年变化 (t·CO$_2$/a)	累计 (t·CO$_2$)	年变化 (t·CO$_2$/a)	累计 (t·CO$_2$)
2008	-151.8	-151.8	23.03	23.03	1.34	1.34	0.0	0.0	-176.17	-176.17
2009	410.4	258.6	11.52	34.55	0	1.34	0.0	0.0	398.88	222.71
2010	511.1	769.7	11.52	46.07	0	1.34	0.0	0.0	499.58	722.29
2011	720.8	1490.5	0	46.07	0	1.34	0.0	0.0	720.8	1443.09
2012	935.3	2425.8	0	46.07	0	1.34	0.0	0.0	935.3	2378.39
2013	1154.3	3580.1	0	46.07	0	1.34	0.0	0.0	1154.3	3532.69
2014	1377.7	4957.8	0	46.07	0	1.34	0.0	0.0	1377.7	4910.39
2015	1605.3	6563.1	0	46.07	0	1.34	0.0	0.0	1605.3	6515.69
2016	1836.6	8399.7	0	46.07	0	1.34	0.0	0.0	1836.6	8352.29
2017	2072	10471.7	0	46.07	0	1.34	0.0	0.0	2072	10424.29
2018	2311.0	12782.7	0	46.07	0	1.34	0.0	0.0	2311.0	12735.29
2019	2553.6	15336.3	0	46.07	0	1.34	0.0	0.0	2553.6	15288.89
2020	2799.5	18135.8	0	46.07	0	1.34	0.0	0.0	2799.5	18088.39

续表

年份	碳储量变化量		温室气体排放量		泄露		基线碳储量变化		净碳汇量	
	年变化 (t·CO$_2$/a)	累计 (t·CO$_2$)	年排放 (t·CO$_2$/a)	累计 (t·CO$_2$)	年变化 (t·CO$_2$/a)	累计 (t·CO$_2$)	年变化 (t·CO$_2$/a)	累计 (t·CO$_2$)	年变化 (t·CO$_2$/a)	累计 (t·CO$_2$)
2021	3049.0	21184.8	0	46.07	0	1.34	0.0	0.0	3049.0	21137.39
2022	3301.5	24486.3	0	46.07	0	1.34	0.0	0.0	3301.5	24438.89
2023	3557.3	28043.6	0	46.07	0	1.34	0.0	0.0	3557.3	27996.19
2024	3849.1	31892.7	0	46.07	0	1.34	0.0	0.0	3849.1	31845.29
2025	5306.5	37199.2	0	46.07	0	1.34	0.0	0.0	5306.5	37151.79
2026	3114.0	40313.2	0	46.07	0	1.34	0.0	0.0	3114.0	40265.79
2027	4610.3	44923.5	0	46.07	0	1.34	0.0	0.0	4610.3	44876.09

资料来源：调查整理

表 6.10 广东汕头潮阳区碳汇林净碳汇量表

年份	碳储量变化量		温室气体排放量		泄露		基线碳储量变化		净碳汇量	
	年变化 (t·CO_2/a)	累计 (t·CO_2)	年排放 (t·CO_2/a)	累计 (t·CO_2)	年排放 (t·CO_2/a)	累计 (t·CO_2)	年变化 (t·CO_2/a)	累计 (t·CO_2/a)	年变化 (t·CO_2/a)	累计 (t·CO_2)
2008	-1518.0	-1518.0	33.0	33.0	5.8	5.8	0.0	0.0	-1556.8	-1556.8
2009	2097.1	579.1	16.5	49.5	1.4	7.2	0.0	0.0	2079.2	522.4
2010	1040.4	1619.5	16.5	66.0	1.4	8.6	0.0	0.0	1022.5	1544.9
2011	2406.5	4026.0	0.0	66.0	0	8.6	0.0	0.0	2406.5	3951.4
2012	1574.2	5600.2	0.0	66.0	0	8.6	0.0	0.0	1574.2	5525.6
2013	2190.8	7791.0	0.0	66.0	0	8.6	0.0	0.0	2190.8	7716.4
2014	3013.3	10804.3	0.0	66.0	0	8.6	0.0	0.0	3013.3	10729.7

续表

年份	碳储量变化量		温室气体排放量		泄露		基线碳储量变化		净碳汇量	
	年变化 (t·CO₂/a)	累计 (t·CO₂)	年排放 (t·CO₂/a)	累计 (t·CO₂)	年排放 (t·CO₂/a)	累计 (t·CO₂)	年变化 (t·CO₂/a)	累计 (t·CO₂/a)	年变化 (t·CO₂/a)	累计 (t·CO₂)
2015	4055.3	14859.6	0.0	66.0	0	8.6	0.0	0.0	4055.3	14785.0
2016	5267.3	20127.0	0.0	66.0	0	8.6	0.0	0.0	5267.3	20052.4
2017	6497.8	26624.8	0.0	66.0	0	8.6	0.0	0.0	6497.8	26550.2
2018	7495.9	34120.7	0.0	66.0	0	8.6	0.0	0.0	7495.9	34046.1
2019	7999.4	42120.1	0.0	66.0	0	8.6	0.0	0.0	7999.4	42045.5
2020	7870.5	49990.6	0.0	66.0	0	8.6	0.0	0.0	7870.5	49916.0
2021	7163.5	57154.1	0.0	66.0	0	8.6	0.0	0.0	7163.5	57079.5
2022	6073.0	63227.1	0.0	66.0	0	8.6	0.0	0.0	6073.0	63152.5
2023	4835.3	68062.4	0.0	66.0	0	8.6	0.0	0.0	4835.3	67987.8
2024	3651.3	71713.7	0.0	66.0	0	8.6	0.0	0.0	3651.3	71639.1
2025	2645.4	74359.1	0.0	66.0	0	8.6	0.0	0.0	2645.4	74284.5
2026	1861.5	76220.6	0.0	66.0	0	8.6	0.0	0.0	1861.5	76146.0
2027	1286.3	77506.9	0.0	66.0	0	8.6	0.0	0.0	1286.3	77432.3

资料来源：调查整理

（5）各种结果比较分析

从表 6.9 和表 6.10 可以看出来，广东龙川县碳汇林在项目期内共计吸收 44876.09 吨二氧化碳，广东汕头潮阳区碳汇林在项目区内吸收 77432.3 吨二氧化碳，因此广东碳汇林总计吸收 122308.4 吨二氧化碳，该监测结果比蓄积量法、生物量法都要小得多，与光合作用法计算的结果大致相同，具体比较如下表 6.11。

表 6.11　广东碳汇林各种方法吸收二氧化碳情况　单位：tCO_2

方法	蓄积量法	生物量法	光合作用法	实际监测结果
固碳结果	323536.99	218155.83	114729.27	122308.4

蓄积量法和生物量法计算的结果比实际监测结果要大的原因是这两种方法将土壤吸收的二氧化碳予以考虑，实际监测结果如果按照林地碳转换系数 1.244 考虑土壤碳库后，其值将为 274460 吨二氧化碳，与蓄积量法和生物量法的结果大致相当。光合作用法计算的结果偏小的原因在于该方法认为各树种的年净生长力和土壤的单位面积固碳量是一致的，事实上各树种由于生长情况不同，其生长力和土壤的单位面积固碳量也有所不同。

根据以上分析为了更准确地考查广东碳汇林吸收二氧化碳的情况，将实际监测结果考虑土壤碳库之后与其他三种方法估算的结果取算术平均值，即 232720.5 吨二氧化碳。

2. 价值量评估

根据欧美发达国家正在实施的碳税法，固碳价格采用瑞典的碳税率 150 美元 / 吨（折合人民币 1200 元 / 吨）（中国森林生态服务功能评估项目组，2010），运用公式进行计算，广东碳汇林在 20 年的项目期内考虑折现率的情况下吸收二氧化碳价值为 3962441099.42 元。

（二）生态价值计量

1. 涵养水源价值

（1）年调节水量

①物理量计算：

广东碳汇林生态系统年调节水量公式：

$$G_{调} = 10A（P-E-C）\qquad\qquad（6.2）$$

式中：$G_{调}$ 为林分年调节水量，单位为 m^3/a；

　　　　A 为林分面积，单位为 hm^2；

　　　　P 为降水量，单位为 $mm \cdot a^{-1}$；

　　　　E 为林分蒸散量，单位为 $mm \cdot a^{-1}$；

　　　　C 为地表径流量，单位为 $mm \cdot a^{-1}$。

据美国学者研究表明，各类森林的平均蒸散量占总降雨量的 65%，我国研究结果为 30%~80%，本书采用《中国森林环境资源价值评价》中的 70% 作为森林蒸散量占降雨量的比例。林区快速地表径流（超渗径流）总量很小，可忽略不计。龙川年平均气温为 20.5℃，年平均降水量为 1186.0 毫米。汕头潮阳区年平均气温约为 21℃，年降雨量为 1600 毫米左右[①]。运用上述公式计算得出广东龙川碳汇林年调节水量为 711600m³/a，汕头潮阳区碳汇林年调节水量为 960000m³/a，广东碳汇林年调节水量共计为 1671600m³。

---

① 参考《2010 年汕头市统计年鉴》和《2010 年河源市统计年鉴》整理。

②价值量评估：

广东碳汇林年涵养水源价值根据水库工程的蓄水成本（替代工程法）来确定，采用如下公式计算：

$$V_{c21} = G_{调} \cdot C_{库} \times (1+i)^n \qquad (6.3)$$

式中：V_{c21} 为广东碳汇林涵养水源的价值，单位为元；

　　　$G_{调}$ 为广东碳汇林林地涵养水源量，单位为立方米；

　　　$C_{库}$ 为水库库容投资，单位为元 / 立方米。

2005 年单位库容造价为 6.1107 元 / 吨（中国森林生态服务功能评估项目组，2010），以 7% 折现率计算广东碳汇林年调节水量生态价值为 $V_{c21} = G_{调} \cdot C_{库} \times (1+i)^n = 1671600 \times 6.1107 \times (1+0.07)^{20} = 39527452.66$ 元，则 20 年总项目期内调节水量价值为 790549053.2 元。

（2）净化水质

①年净化水量：

广东碳汇林生态系统年净化水量采用年调节水量的公式：

$$G_{调} = 10A(P-E-C) \qquad (6.4)$$

式中：$G_{调}$ 为林分年调节水量，单位为 m^3/a；

　　　A 为林分面积，单位为 hm^2；

　　　P 为降水量，单位为 $mm \cdot a^{-1}$；

　　　E 为林分蒸散量，单位为 $mm \cdot a^{-1}$；

　　　C 为地表径流量，单位为 $mm \cdot a^{-1}$。

运用公式（6.4），计算得出龙川县碳汇林年调节水量为 $711600m^3/a$，汕头潮阳区碳汇林年调节水量为 $960000m^3/a$，广东碳汇林共计年调节 $1671600m^3/a$，即 1671600 吨水。

②年净化水质价值：

森林生态系统年净化水质价值根据净化水质工程的成本（替代工程法）计算，公式如下：

$$V_{c22}=10KA（P-E-C）\times（1+i）^{n} \tag{6.5}$$

式中：V_{c22} 为林分年净化水质价值，单位为 ¥·a^{-1}；

　　　K 为水的净化费用，单位为 ¥·t^{-1}；

　　　A 为林分面积，单位为 hm^{2}；

　　　P 为降水量，单位为 mm·a^{-1}；

　　　E 为林分蒸散量，单位为 mm·a^{-1}；

　　　C 为地表径流量，单位为 mm·a^{-1}。

水的净化费用采用全国主要大中城市居民生活用水的平均价格，为 2.09 元 / 吨（中国森林资源核算项目组，2010），以 7% 折现率计算广东碳汇林净化水质的价值为 13519298.29 元，项目期内总价值为 270385965.8 元。

2. 保育土壤价值

（1）固土指标

①年固土量：

根据广东省林业调查规划院《广东省生态公益林监测评估报告》的结果，有林地（林分、灌木林、竹林）植被的林地土壤，年平均单位面积流失量为 0.9t/hm^{2}；无林地（含疏林、经济林）植被的林地土壤，年平均单位面积流失量高达 6.0t/hm^{2}（李怡，2010）。有森林覆盖的单位土壤流失量不足无林地的 1/6，森林防止土壤流失、保育土壤养分、防止泥沙淤积效能明显。可计算出广东碳汇林减少土壤侵蚀的物质量：

$$Y_S = A \cdot (X_2 - X_1) = 400 \times (6.0 - 0.9) = 2040t/a \qquad (6.6)$$

②年固土价值：

实施广东碳汇林建设，每年防止林地土壤流失总量为 2040 吨，其经济价值计算公式如下：

$$V_{c23} = AC_{\pm}(X_2 - X_1)(1+i)^{20}/\rho \qquad (6.7)$$

式中：V_{c23} 为林分年固土价值，单位为 ¥ · a^{-1}；

A 为林分面积，单位为 hm^2；

$C_{\pm}$ 为挖取和运输单位体积土方所需要费用，单位为 ¥ · m^{-3}；

X_2 为无林地土壤侵蚀模数，单位为 t · $hm^{-2}a^{-1}$；

X_1 为有林地土壤侵蚀模数，单位为 t · $hm^{-2}a^{-1}$；

ρ 为林地土壤密度，单位为 t · m^{-3}。

土壤平均容重取 1.38g/cm^3 即 1.38t/m^3，根据《森林生态系统服务功能评估规范》人工挖土方Ⅰ和Ⅱ类土每 100 立方米需 42 个工时，每个人工每天 30 元计算，获得挖取单位面积土方费用为 12.6 ¥/m^3，则广东碳汇林年固土价值：

$V_{c23} = AC_{\pm}(X_2 - X_1)(1+i)^{20}/\rho$

　　$= 400 \times 12.6 \times (6.0 - 0.9) \times 3.869684/1.38 = 72077.07$ 元

项目期内广东碳汇林固土总价值为 1441541.4 元。

（2）保肥指标

①物理量计算：

广东省林地覆盖性质不同，林地土壤肥力有明显的差异，土壤肥力较好的为阔叶林地、竹林地，其次为灌木林地和针阔混交林地，最差的是桉树林地，经济林地的肥力水平也较低，具体情况见表 6.12。

表 6.12　广东省不同覆盖性质林地土壤肥力背景值

地类/树种组	pH值	有机质（%）	全量（%）			速效（mg/100g）		
			全氮	P₂O₅	K₂O	水解氮	有效磷	速效钾
松树	4.66	1.596	0.078	0.049	1.818	7.058	1.180	7.770
杉树	4.68	2.065	0.096	0.063	2.011	9.048	1.444	9.950
阔叶林	4.69	2.373	0.110	0.062	2.291	10.472	1.637	10.730
针叶混	4.64	1.664	0.074	0.050	1.935	6.873	1.149	7.790
针阔混	4.7	1.987	0.099	0.055	1.999	8.875	1.399	9.540
桉树	4.71	1.298	0.062	0.052	0.948	5.613	1.351	6.050
经济林	4.76	1.548	0.077	0.056	1.624	7.614	1.812	8.180
竹林	4.76	2.351	0.107	0.072	2.159	10.526	2.461	9.460
疏林地	4.73	1.859	0.088	0.057	1.958	8.190	1.298	8.460
灌木林地	4.88	2.177	0.104	0.050	2.236	10.265	1.517	10.240
未成林地	4.62	1.586	0.074	0.045	1.759	7.088	1.013	7.740
无林地	4.86	1.905	0.091	0.054	1.910	8.352	1.345	8.840

资料来源：《广东省森林生态状况监测评估报告 2005》

　　龙川县碳汇林造林树种主要是乡土树种红锥、火力楠、木荷和黎蒴，种植面积分别为 56.1 公顷、56.1 公顷、50.4 公顷、37.4 公顷；汕头潮阳区碳汇林主要树种是台湾相思、木荷、山杜英、桉树，其中台湾相思 100 公顷，木荷、山杜英、桉树各占 33.33 公顷。这些树都属于阔叶树，这些林地中氮含量占 0.110%，磷含量占 0.062%，钾含量占 2.291%，有机质含量占 2.373%，见表 6.13。

表 6.13　广东省碳汇林土壤保持量

土壤保持量	有机质		氮		磷		钾	
	含量（%）	保持量（t·a）	含量（%）	保持量（t·a）	含量（%）	保持量（t·a）	含量（%）	保持量（t·a）
2040	2.373	48.4092	0.110	2.244	0.062	1.2648	2.291	46.7364

资料来源：文献整理

据广东省科技攻关项目"生态公益林效益监测及信息系统建设"（周毅等，2005）的研究结果，纯氮、磷、钾折算成化肥的比例分别为 60/28、406/62、74.5/38，根据表 6.13，可计算得出广东省碳汇林土壤养分转化量，具体计算结果见表 6.14。

表 6.14　广东省碳汇林土壤养分转化量　　单位：t/a

氮		磷		钾	
保持量	转化量	保持量	转化量	保持量	转化量
2.244	4.8086	1.2648	8.2824	46.7364	91.628

②价值量评估：

氮、磷、钾类化肥参考广东省的销售价格，分别为 1600 元/吨、500 元/吨、1250 元/吨（周毅等，2005），草炭土春季价格为 200 元/吨（草炭土中含有机质 62.5%），折合为有机质价格为 320 元/吨（中国森林生态服务功能评估项目组，2010）。根据下述公式可计算广东碳汇林每年的保肥价值：

$$V_{c24} = \sum_{i=1}^{n} Y P_i \times (1+i)^n$$

$$= (4.8086 \times 1600 + 8.2824 \times 500 + 91.628 \times 1250 + 48.4092 \times 320) \times 1.07^{20}$$

=（7693.76+4141.2+114535+15490.944）×3.869684

=548956.87（元/年）

在 20 年的项目期内广东碳汇林按照 7% 的折现率计算的保持土壤肥力的价值为 10979137.4 元。

3. 释放氧气价值

（1）物理量计算

森林释氧量的计算公式如下：

$$U_{氧}=1.19AB_{年} \tag{6.8}$$

式中：$U_{氧}$ 为林分年释氧价值，单位为 $¥ \cdot a^{-1}$；

　　　　A 为林分面积，单位为 hm^2；

　　　　$B_{年}$ 为林分净生产力，单位为 $t \cdot hm^{-2}a^{-1}$。

（2）价值量评估

森林释氧价值计算公式如下：

$$V_{c25}=1.19C_{氧}AB_{年} \tag{6.9}$$

式中：V_{c25} 为林分年释氧价值，单位为 $¥ \cdot a^{-1}$；

　　　　$C_{氧}$ 为氧气价格，单位为 $¥ \cdot t^{-1}$；

　　　　A 为林分面积，单位为 hm^2；

　　　　$B_{年}$ 为林分净生产力，单位为 $t \cdot hm^{-2}a^{-1}$。

广东碳汇林树种都属于阔叶树，其年平均净生产力为 5.096t/$hm^2 \cdot a$（谌小勇、彭元英、张昌建，1996），氧气价格采用中华人民共和国卫健委网站中 2007 年春季氧气平均价格，为 1000 元/吨（中国森林生态服务功能评估项目组，2010），则各树种释放氧气数量和价值见表 6.15，从表 6.15 可以看出，广东碳汇林每年释放氧气价值为 2425090 元，在整个项目期内在考虑折现率的情况下其释放氧气价值为 15628817.21 元。

表 6.15 广东碳汇林各树种释放氧气数量和价值

树种	面积（公顷）	$B_年$林分净生产力（$t \cdot hm^{-2}a^{-1}$）	林分年释氧量（$t \cdot a^{-1}$）	$C_氧$氧气价格（¥ $\cdot t^{-1}$）	林分年释氧价值（¥ $\cdot a^{-1}$）
红锥	56.1	5.096	340.203864	1000	340203.864
火力楠	56.1	5.096	340.203864	1000	340203.864
木荷	83.7	5.096	507.576888	1000	507576.888
黎蒴	37.4	5.096	226.802576	1000	226802.576
台湾相思	100	5.096	606.424	1000	606424
山杜英	33.3	5.096	201.939192	1000	201939.192
桉树	33.3	5.096	201.939192	1000	201939.192
合计			2425.09		2425090

4. 净化环境价值

（1）广东碳汇林吸收二氧化硫的价值

根据《中国生物多样性国情研究报告》的研究数据，阔叶树和针叶树年均吸收二氧化硫分别为 88.650kg $\cdot hm^{-2}a^{-1}$、215.60kg $\cdot hm^{-2}a^{-1}$（中国生物多样性国情研究报告编写组，1998），采用国家发展和改革委员会等四部委 2003 年第 31 号令《排污费征收标准及计算方法》中二氧化硫排污费收费标准为 1.20 元 / 千克（中国森林生态服务功能评估项目组，2010），利用公式 $G_{二氧化硫}=Q_{二氧化硫}A$ 和 $V_{c26}=K_{二氧化硫}Q_{二氧化硫}A$ 分别计算广东省碳汇林吸收二氧化硫的价值，如表 6.16 所示，由表 6.16 可估算出广东碳汇林在项目期内考虑折现率的情况下吸收二氧化硫总价值为 3293255.87 元。

（2）吸收氟化物

根据文献资料阔叶树吸氟平均值分别为 4.650kg·hm^{-2}a^{-1}（向会娟、曹明宏，2005），采用国家发展和改革委员会等四部委 2003 年第 31 号令《排污费征收标准及计算方法》中氟化物排污费收费标准为 0.69 元 / 千克，利用公式 $G_{氟化物}=Q_{氟化物}A$ 和 $V_{c27}=K_{氟化物}Q_{氟化物}A$ 分别计算广东省碳汇林对氟化物的吸收价值，如表 6.17 所示，从表中可知在总项目期内，在考虑折现率的情况下广东碳汇林吸收氟化物总价值为 99327.05 元。

表 6.16　广东省碳汇林吸收二氧化硫价值

造林地点		面积（公顷）	单位面积 SO$_2$ 吸收能力，t/hm^2·a	治理成本 ¥ / kg	吸收 SO$_2$ 价值量，¥/a	合计（¥/a）
龙川县	内輋	128.93	88.65	1.20	13715.5734	21276
	龙溪	71.07	88.65	1.20	7560.4266	
汕头潮阳区	登云镇	148.7	88.65	1.20	15818.706	21276
	佗城镇	51.3	88.65	1.20	5457.294	
合计		400				42552

表 6.17　广东碳汇林吸收氟化物价值

造林地点		面积（公顷）	单位面积氟化物吸收能力（t/hm^2·a）	治理成本（¥/kg）	吸收氟化物价值量（¥/a）	合计（¥/a）
龙川县	内輋	128.93	4.65	0.69	413.671905	641.7
	龙溪	71.07	4.65	0.69	228.028095	
汕头潮阳区	登云镇	148.7	4.65	0.69	477.10395	641.7
	佗城镇	51.3	4.65	0.69	164.59605	
合计		400				1283.4

（3）吸收氮氧化物

利用韩国科学技术处测定的数据，森林吸收氮氧化物量为 $6.000 \text{kg} \cdot \text{hm}^{-2} \text{a}^{-1}$，采用国家发展和改革委员会等四部委 2003 年第 31 号令《排污费征收标准及计算方法》中氮氧化物排污费收费标准为 0.63 元 /kg，利用公式 $G_{氮氧化物} = Q_{氮氧化物} A$ 和 $V_{c28} = K_{氮氧化物} Q_{氮氧化物} A$ 分别计算广东省碳汇林对氮氧化物的吸收价值（表 6.18）。

（4）阻滞降尘

广东碳汇林在项目期内，在考虑折现率的情况下阻滞降尘总价值为 46947.01 元。

据测定（余新晓、鲁绍伟、靳芳，2005），我国阔叶林的滞尘能力为 $10.11 \text{t/hm}^2 \cdot \text{a}$，采用国家发展和改革委员会等四部委 2003 年第 31 号令《排污费征收标准及计算方法》中氮氧化物排污费收费标准为 0.15 元 /kg，利用公式 $G_{阻滞降尘} = Q_{阻滞降尘} A$ 和 $V_{c29} = K_{阻滞降尘} Q_{阻滞降尘} A$ 分别计算广东省碳汇林对阻滞降尘的价值，如表 6.19 所示。

表 6.18　广东省碳汇林吸收氮氧化物价值

造林地点		面积（公顷）	单位面积氮氧化物吸收能力（t/hm²·a）	治理成本（¥/kg）	吸收氮氧化物价值量（¥/a）	合计（¥/a）
龙川县	内筚	128.93	6.0	0.63	487.3554	756
	龙溪	71.07	6.0	0.63	268.6446	
汕头潮阳区	登云镇	148.7	6.0	0.63	562.086	756
	佗城镇	51.3	6.0	0.63	193.914	
合计		400				1512

表 6.19　广东省碳汇林阻滞降尘价值

造林地点		面积（公顷）	单位面积滞尘能力（t/hm²·a）	治理成本（¥/kg）	阻滞降尘价值量（¥/a）	合计（¥/a）
龙川县	内輋	128.93	10.11	0.15	195.522345	303.3
	龙溪	71.07	10.11	0.15	107.777655	
汕头潮阳区	登云镇	148.7	10.11	0.15	225.50355	303.3
	佗城镇	51.3	10.11	0.15	77.79645	
合计		400				606.6

5. 维持生物多样性的价值

本章采用意愿调查法来计算广东碳汇林的生物多样性价值，运用公式（5.33）进行计算，式中 S 为广东碳汇造林 400 公顷，关于 K 的取值有如下资料，见表 6.20。

表 6.20　单位面积年保护生物多样性价值　单位：元 /（hm²·a）

研究者	评价依据	研究结论
Costanza 等		森林每年提供的基因价值为 41 美元 / 公顷
中国生物多样性国情研究报告	意愿支付法	中国生物多样性保护支付意愿为 124.81×10⁸ 元
张颖（2004）	机会成本法	我国南方区生物多样性每公顷每年价值为 23245.13 元，平均为 39720.73 元
	直接市场评价法	我国南方区生物多样性每公顷每年价值为 41448 元，平均为 58473.73 元
韩维栋等（2000）	意愿支付法	全球社会对保护我国森林资源的支付意愿为 112 美元 / 公顷
李怡（2010）	典型调查法	110.00 元 /（公顷·年）

资料来源：文献整理

根据以上数据资料的分析，结合广东省的具体情况，本书采用张颖的数据资料进行计算，运用机会成本法得出 $V_{e210}=S \cdot K(1+i)^{20}=$ $400 \times 23245.13 \times 3.869684=35980523.06$ 元 / 年，如果运用直接市场评价法则得出 $V_{e210}=S \cdot K(1+i)^{20}=400 \times 41448 \times 3.869684=$ 64156264.97 元 / 年，对于这两种计算方式的误差，本书采用经济控制论中一维滤波的方法进行处理，计算公式如下：

$$\hat{f} = \frac{\sigma_1^2}{\sigma_1^2 + \sigma_2^2} \tag{6.10}$$

$$\hat{x} = \hat{x}_1 + \hat{f}(x_2 - x_1) \tag{6.11}$$

$$\hat{\sigma}^2 = (1-\hat{f})\sigma^2_1 \tag{6.12}$$

式中：f 是加权因子（$0 \leq f \leq 1$），新估计价值 $\hat{x}$ 为加权估计，x_1 和 x_2 分别为用机会成本法和直接市场评价法得出的价值量，σ_1 和 σ_2 分别为采用机会成本法和直接市场评价法时的标准差，其值分别为 10711.76 和 13448.98（张颖，2004），将 x_1、x_2、σ_1 和 σ_2 代入（6.10）（6.11）（6.12）式进行计算广东碳汇林生物多样性的价值量为：

$$\hat{f} = \frac{\sigma_1^2}{\sigma_1^2 + \sigma_2^2} = \frac{10711.76^2}{10711.76^2 + 13448.98^2} = 0.443$$

$$\hat{x} = \hat{x}_1 + \hat{f}(x_2 - x_1) = 35980523.06 + 0.443 \times（64156264.97 - 35980523.06）= 48462376.73 \text{ 元}$$

$$\hat{\sigma}^2 = (1-\hat{f})\sigma^2_1 = 5966.45$$

因此经过误差处理后，广东碳汇林生物多样性的价值量在考虑折现率的情况下为每年 48462376.73 元，项目周期 20 年内保持生物多样性总价值为 969247534.52 元，评价标准差为 5966.45，小于机会成本法和直接市场评价法的评价标准差（表 6.21）。

表 6.21　广东碳汇林生物多样性价值量评价结果表

方法	评价价值（元）	评价标准差
机会成本法	35980523.06	10711.76
直接市场评价法	64156264.97	13448.98
滤波后最终评价	48462376.73	5966.45

6. 积累营养物质

（1）林木营养年积累量

广东龙川县碳汇林所栽植树木都是碳汇能力较强的红锥、木荷、黎蒴、红香等优良乡土树种，广东汕头潮阳区碳汇林项目种植的是台湾相思、山杜英、桉树、木荷等树种，这些树种都属于阔叶树，其年平均净生产力为 5.096t/hm² · a（表 6.22）[1]，林木氮元素含量 0.826%，林木磷元素含量 0.035%，林木钾元素含量 0.633%（表 6.23）[2]，运用公式计算广东碳汇林林木年积累氧、磷、钾量，见表 6.24 所示。

表 6.22　常绿阔叶林和杉木人工林的生长分析

群落类型	平均净生产力（t/hm² · a）	叶面积比（m²/kg）	叶面积指数	叶净光合生产率（kg/m² · a）
常绿阔叶林	5.096	6.49	6.15	0.083
杉木人工林	6.896	7.18	4.09	0.168

---

①　谌小勇，彭元英，张昌建，等．亚热带两类森林群落产量结构及生产力的比较研究［J］．中南林业科技大学学报，1996（1）:1-7.

②　赵同谦，欧阳志云，郑华，等．中国森林生态系统服务功能及其价值评价［J］．自然资源学报，2004（4）:480-491

表 6.23 不同森林生态系统的植物体的营养元素含量

森林类型	寒温带落叶松林	温带常绿针叶林	温带、亚热带落叶阔叶林	亚热带常绿落叶阔叶混交林	亚热带常绿阔叶林	亚热带、热带常绿针叶林	亚热带竹林	热带雨林、季雨林	红树林
N（%）	0.400	0.33	0.531	0.456	0.826	0.420	0.651	1.020	0.75
P（%）	0.085	0.036	0.042	0.032	0.035	0.075	0.079	0.108	0.45
K（%）	0.227	0.231	0.201	0.221	0.633	0.213	0.550	0.538	0.41

表 6.24 广东碳汇林林木年积累 N、P、K 量

林木氮元素含量（%）	林木磷元素含量（%）	林木钾元素含量（%）	净生产力（t·hm^{-2}a^{-1}）	面积（hm^2）	林分固氮量（t/a）	林分固氮量（t/a）	林分固氮量（t/a）
0.826	0.035	0.633	5.096	400	1683.72	71.344	1290.31

（2）林木营养年积累价值

根据化肥的说明，磷酸二铵化肥含氮量为 14%，含磷量为 15.01%，氯化钾化肥含钾量为 50%，则林木年积累化肥的转换量：采用农业农村部《中国农业信息网》（http : //www.agri.gov.cn）2007 年春季平均价格，磷酸二铵价格为 2400 元 / 吨，氯化钾价格为 2200 元 / 吨（中国森林生态服务功能评估项目组，2010），运用以上数据在公式中进行计算。

$V_{c211}=AB_{年}（N_{营养}C1/R1+P_{营养}C1/R2+K_{营养}C2/R3）（1+i）^{20}$

$=（12026.57×2400+475.31×2400+2580.62×2200）（1+0.07）^{20}$

$=（30004512+5677364）×3.869684$

$=138077584.65（元 /a）$

因此，广东碳汇林在项目期内按照 7% 的折现率计算的林木营养总积累价值为 2761551693 元。

（三）经济价值计量

1. 活立木生产价值

碳汇林为人类提供大量的木材，计算公式如下：

$$V_{c31}=GT（P-C）×（1+i）^{20} \qquad （6.13）$$

式中：V_{c31} 为活立木价值，单位为元；

G 为碳汇林各林分的活立木蓄积量，单位为立方米；

T 为平均出材率，单位为 %；

P 为木材平均销售价，单位为元 / 立方米；

C 为木材平均生产成本，单位为元 / 立方米。

按每公顷年均生长量 7.5 立方米[①]计算，项目建成后，20 年后将增加林分面积 400 公顷、活立木蓄积 60000 立方米，根据全省森林平均出材率 63.9%[②]，全省木材平均生产成本碳以 100 元 / 立方米（茅于轼、唐杰，2002；张颖，2004），木材市场价 400 元 / 立方米（陈志云，2009；林媚珍、马秀芳、杨木壮等，2009），以及 7% 的折现率进行计算，广东碳汇林将产生 44509105.368 元的活立木经济价值。

2. 薪炭材价值

在龙川县和汕头潮阳区农村，木质燃料是许多贫困农村群众依赖的廉价燃料，每年的消耗量非常大，在对项目区林农进行调查时，55.79% 的林农表示他们偶尔会对碳汇林进行薪材利用，11.58%

---

① 参考《中国绿色碳基金中国石油龙川县碳汇项目实施方案》《中国绿色碳基金中国石油汕头市潮阳区碳汇项目实施方案》

② 广东省人民政府.转发国务院批转国家林业和草原局关于各地区"十一五"期间年森林采伐限额审核意见的通知（粤府〔2006〕26 号）[EB/OL].广东省人民政府，2006–03–29.

的林农认为会经常对碳汇林进行薪材利用，32.63% 的林农则表示完全不会对碳汇林进行薪材利用，具体情况见图 6.2。

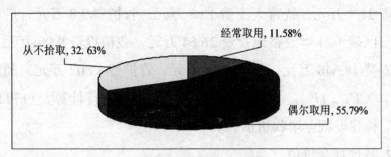

经常取用, 11.58%

从不拾取, 32.63%

偶尔取用, 55.79%

图 6.2 碳汇林薪材利用情况

广东省阔叶林的平均生物量为 76.82t/hm² （薛春泉、叶金盛、杨加志等，2008），根、枝、叶共占全树重量的 35.89%（陈乃玲、聂影，2007），则广东碳汇林根、枝、叶的生物量为 27.570698t/hm²，薪炭材单价为 0.33 元 / 千克（王浩等，2004）。根据公式：

$$V_{c32} = \sum_{i=1}^{n} W_i S_i P_i \times （1+i）^n \tag{6.14}$$

则计算出广东碳汇林的薪炭材价值：

$$V_{c32} = \sum_{i=1}^{n} W_i S_i P_i \times （1+i）^n = 400 \times 27.570698 \times 1000 \times 0.33 \times （1+0.07）^{20}$$
$$= 3639.332136 \times 1000 \times 3.869684（元）= 14083065.34（元）。$$

（四）社会价值计量

1. 就业增加价值

广东碳汇林建设需要雇请大批临时工进行整地、栽植、抚育和管护，可以为当地农民提供就业机会。整地包含挖穴、铲除穴的周围 1×1 米范围内杂草和回土施肥备植，栽植包括栽正、舒根、栽紧、不吊空、不窝根；抚育包括除草、松土、扩穴、培土、补苗和追施土杂肥。经过调查，广东龙川碳汇林建设整地投资 49.2 万，栽植投资 21.7 万元，抚育人工费 12.8 万元，管护费 3.8 万元；广东汕头潮阳区碳汇林建设整地投资 26.64 万元，栽植投资 9.99 万元，抚育人工费 18.648 万元，浇水 3.33 万元，管护费 8.802 万元，利用公式 $V_{c42}=(V_{整地}+V_{栽植}+V_{抚育}+V_{管护})\times(1+i)^n$ 进行计算，可得出广东碳汇林建设就业增收价值为 599.45 万元。

2. 其他社会价值

游憩价值、文化科教价值、景观价值和企业形象价值等是广东碳汇林社会价值的重要体现，包含着丰富的内容，但由于这些价值难以进行定量分析，因此只做了定性评价。

（五）广东碳汇林综合价值计量结果分析

1. 广东碳汇林综合价值构成

在已有分析、计算结果的基础上，笔者得出广东碳汇林总价值，详见表 6.25。

（1）考虑各指标所占权重前

①在 20 年的项目期内广东碳汇林共计产生 885036.78 万元的总价值，其中碳汇价值 396244.11 万元，生态价值 482334 万元，经济价值 5859.22 万元，社会价值 599.45 万元。

②从功能分类角度看，广东碳汇林生态功能价值（占 54.502%）＞碳汇功能价值（占 44.77%）＞经济功能价值（占 0.66%）＞社会功能价值（占 0.068%），如果把碳汇功能归入生态功能，则生态功能所占比重会更大，达到 99.17%，同时说明进行碳汇林建设要注意提

高经济功能价值和社会功能价值，从而更大程度地调动当地群众的积极性。

表 6.25 广东碳汇林总价值

目标层	状态层	指标层	权重前价值（万元）	比率（%）	权重	权重后价值（万元）
广东碳汇林价值评价	碳汇价值	固定二氧化碳价值	396244.11	0.447714841	0.5240	207631.9
		合计	396244.11	0.447714841	0.5240	207631.9
	生态价值	调节水量价值	79054.91	0.089323868	0.0277	2189.82
		净化水质价值	27038.60	0.03055082	0.0152	410.99
		固土的价值	144.15	0.000162875	0.0365	5.26
		保肥的价值	1097.91	0.001240525	0.0185	20.31
		释放氧气价值	1562.88	0.001765893	0.0462	72.21
		吸收二氧化硫的价值	329.33	0.000372109	0.0144	4.74
		吸收氟化物价值	9.93	0.0000112199	0.0153	0.15
		吸收氮氧化物价值	11.70	0.0000132198	0.0159	0.19
		阻滞粉尘的价值	4.69	0.00000529921	0.0205	0.10
		物种多样性价值	96924.75	0.109514938	0.0334	3237.29
		林木营养积累价值	276155.17	0.312026765	0.0185	5108.87
		合计	482334	0.544987508	0.2621	11049.93
	经济价值	活立木生产价值	4450.91	0.005029068	0.0803	357.41
		薪炭材价值	1408.31	0.001591245	0.0268	37.74
		合计	5859.22	0.006620312	0.1071	395.15
	社会价值	就业增加价值	599.45	0.000677316	0.0486	29.13
		游憩价值	只进行定性分析			
		科研教育价值	只进行定性分析			
		景观美学价值	只进行定性分析			
		企业形象价值	只进行定性分析			
		合计	599.45	0.000677316	0.0486	29.13
合计			885036.8	99.97	0.9175	219106.1

③从价值分类的角度看，广东碳汇林带来的直接经济价值（活立木生产价值、薪炭材价值、就业增加价值）为 6458.67 万元，占 0.73%。

（2）考虑各指标所占权重后

在考虑各指标所占权重后，广东碳汇林共计产生 219106.1 万元价值，其中碳汇价值最大，为 207631.9 万元，其次是生态价值为 11049.93 万元。

2. 广东碳汇林综合价值特征分析

（1）与国内碳汇林相比碳汇价值偏低

国内进行了不少碳汇林建设（表 6.26），从表中可看出广东碳汇林在项目期内所预计吸收的二氧化碳是比较少的，其所产生的碳汇价值也偏低，远远低于广西珠江碳汇林所吸收的二氧化碳（773000 吨），在国内碳汇林中排在第五位，其原因主要是广东碳汇林规模太小，只有 400 公顷，而广西碳汇林有 4000 公顷，内蒙古碳汇林有 3000 公顷。

表 6.26　各地区碳汇林固碳量

地区	启动时间	碳汇量（吨）	资助单位	面积（hm²）	期限（年）	名次
广西	2004.12	773000	世界银行	4000	30	1
内蒙古	2004	240000	意大利	3000	到 2012 年	3
云南	2005.4	170000	美国 3M 公司，保护国际，美国大自然保护协会	467.6	30	4
四川	2004.10	460000	美国 3M 公司，保护国际，美国大自然保护协会	2251.8	20	2

地区	启动时间	碳汇量（吨）	资助单位	面积（hm²）	期限（年）	名次
北京	2008.4	80000	中国绿色碳基金	400	20	6
临安	2008.4	15000	中国绿色碳基金	400	20	7
广东	2008	122308.4	中国绿色碳基金	400	20	5

资料来源：文献整理

（2）总价值中碳汇价值比重突出

碳汇林主要是以吸收二氧化碳为目的，碳汇价值比重应该比较大，从实际计量结果来看，碳汇价值在整个价值中所占比重是非常大的，占44.77%，所给予的权重也相当大，为0.5240，这些都反映了广东碳汇林完全突出了碳汇价值的重要性。

（3）生态价值比重最大

碳汇林除了吸收二氧化碳外，还可以涵养水源、固土保肥、净化环境、保持生物多样性和积累营养物质，而这些都属于生态价值，这也完全突出碳汇林的生态公益性质，它是一种生态公益林。实际上，本次计量结果中，在考虑各指标的权重前，生态价值最大，占54.502%。

（4）价值的实现存在不确定性因素

整个碳汇林价值的实现都依存于森林生命体本身而存在，计量得出的各项价值是一个有机的整体价值，具有附属性。如果广东碳汇林的面积和质量达不到规划要求，相应地，其价值水平就会降低。因此，整体价值的实现存在不确定性因素，导致总价值难以完全实现。

（5）各指标所占权重不一样

在一级指标中碳汇价值的权重最大为 0.5240，其次是生态价值
（0.2621）；在二级指标中固定二氧化碳的价值权重最大（0.5240），
其次是活立木生产价值和就业增加价值，权重较小的是科研教育价
值和景观美学价值，权重均为 0.0077。

（6）社会价值比重最小

社会价值中由于只针对就业增加价值进行了定量分析，对游憩
价值、景观美学价值、教育科研价值和企业形象价值只进行定性分
析，因此导致其比重偏低，如果能够对其进行定量分析，则社会价
值的比重会增大。

三、广东碳汇林宏观价值的模糊评价

鉴于广东碳汇林资产的复杂性，一般采用层次分析法进行评
价；进一步的研究是采用层次分析法（AHP）与模糊综合评价法相
结合，主要从碳汇价值、生态价值、经济价值和社会价值四个方面
对广东碳汇林宏观价值进行综合评定，采用层次分析法形成一个多
级梯阶结构，同时对广东碳汇林宏观价值进行评估时，使用模糊评
判的方式来解决。

（一）广东碳汇林宏观价值评估指标的隶属度数据

通过问卷调查，将问卷调查中的 5 分对应为很好，4 分对应为较好，3 分对应为一般，2 分对应为较低，1 分对应为很低，获得广东碳汇林价值评估各项指标的评分统计分析结果（表 6.27）。采用模糊数学中的隶属度赋值的思想将定性指标量化并赋值，对每个项目的五级评语——很高（好），较高（好），一般，较低（差），很低（差），分别统计出频率，以该频率作为评语集隶属度。

（二）广东碳汇林宏观价值评估的综合评价

对于优化后的每项指标根据指标体系的很高（好）、较高（好）、一般、较低（差）、很低（差）五个选项的百分比形成该指标五级评语的隶属度，从而形成隶属度矩阵 R（r_{ij}）（$i=1，2，\cdots，m$；$j=1，2，\cdots，5$）。首先由二级指标权重向量 W_i 乘以对应的隶属度矩阵 R_i，形成该级指标的隶属度（表 6.28），然后进行一级指标的综合评价。本研究采用百分制进行评分，五级评语取值为 $C=$（100　75　50　25　0），一级指标综合评价的具体计算过程如下：首先由一级指标权重向量 W_i 乘以该指标对应的隶属度矩阵 R_i，然后乘以评分行向量的转置 C^T，即可得到该级的评价分数 d。

表 6.27　广东碳汇林宏观价值评估指标评分统计分析

目标层	一级指标	二级指标	选项及频率				
			很好（5）	较好（4）	一般（3）	较低（2）	很低（1）
广东碳汇林价值评价（A）	碳汇价值（B_1）	固定二氧化碳价值（C_{11}）	0.6	0.3	0.1	0	0
	生态价值（B_2）	调节水量价值（C_{21}）	0.4	0.1	0.5	0	0
		净化水质价值（C_{22}）	0.4	0.4	0.1	0.1	0
		固土的价值（C_{23}）	0.2	0.7	0.1	0	0
		保肥的价值（C_{24}）	0.3	0.3	0.1	0.1	0
		释放氧气价值（C_{25}）	0.6	0.3	0.1	0	0
		吸收二氧化硫的价值（C_{26}）	0.4	0.4	0.1	0.1	0
		吸收氟化物价值（C_{27}）	0.4	0.4	0.1	0.1	0
		吸收氮氧化物价值（C_{28}）	0.4	0.4	0.1	0.1	0
		阻滞粉尘的价值（C_{29}）	0.3	0.5	0.2	0.1	0
		物种多样性价值（C_{210}）	0.3	0.5	0.1	0.1	0
		林木营养积累价值（C_{211}）	0.3	0.4	0.1	0.1	0

续表

目标层	一级指标	二级指标	选项及频率				
广东碳汇林价值评价（A）	经济价值（B₃）	活立木生产价值（C₃₁）	很好（5）0.5	较好（4）0.4	一般（3）0.1	较低（2）0	很低（1）0
		薪炭材价值（C₃₂）	很好（5）0.4	较好（4）0.5	一般（3）0.1	较低（2）0	很低（1）0
	社会价值（B₄）	游憩价值（C₄₁）	很好（5）0.2	较好（4）0.1	一般（3）0.7	较低（2）0	很低（1）0
		就业增加价值（C₄₂）	很好（5）0.4	较好（4）0.2	一般（3）0.4	较低（2）0	很低（1）0
		科研教育价值（C₄₃）	很好（5）0.5	较好（4）0.4	一般（3）0.1	较低（2）0	很低（1）0
		景观美学价值（C₄₄）	很好（5）0.3	较好（4）0.5	一般（3）0.1	较低（2）0.1	很低（1）0
		企业形象价值（C₄₅）	很好（5）0.3	较好（4）0.5	一般（3）0.2	较低（2）0.1	很低（1）0

表 6.28 隶属度矩阵

$$
\begin{array}{ccccc}
0.6 & 0.3 & 0.1 & 0 & 0 \\
0.386892 & 0.405829 & 0.150154 & 0.057867 & 0 \\
0.475 & 0.425 & 0.1 & 0 & 0 \\
0.35 & 0.175 & 0.475 & 0 & 0
\end{array}
$$

$d = W \cdot R \cdot C^T$

$$
= (0.5240\ 0.2620\ 0.1070\ 0.1070)
\begin{bmatrix}
r_{11} & r_{12} & r_{13} & r_{14} & r_{15} \\
r_{21} & r_{22} & r_{23} & r_{24} & r_{25} \\
r_{31} & r_{32} & r_{33} & r_{34} & r_{35} \\
r_{41} & r_{42} & r_{43} & r_{44} & r_{45}
\end{bmatrix}
\begin{bmatrix}
100 \\ 75 \\ 50 \\ 25 \\ 0
\end{bmatrix}
$$

$$
= (0.524,\ 0.262,\ 0.107,\ 0.107)
$$

$$
\begin{array}{ccccc}
0.6 & 0.3 & 0.1 & 0 & 0 \\
0.386892 & 0.405829 & 0.150154 & 0.057867 & 0 \\
0.475 & 0.425 & 0.1 & 0 & 0 \\
0.35 & 0.175 & 0.475 & 0 & 0
\end{array}
$$

$$
\begin{bmatrix}
100 \\ 75 \\ 50 \\ 25 \\ 0
\end{bmatrix}
= 81.62154
$$

广东碳汇林宏观价值评估的综合值为 81.62154，反映了各位专家对于广东碳汇林所产生的价值还是比较认可的，由此也表明进行广东碳汇林建设有一定的实践意义。

四、本章小结

本章以广东碳汇林为对象,基于广东省林业调查规划院、龙川林业局、汕头潮阳区林业局、华南农业大学林学院和福建师范大学地理学院等实施的多项专项监测、调查和试验研究的基础数据,结合实地调查等手段,通过专家咨询、统计分析国内外相关研究内容,对广东碳汇林的价值进行了综合计量。研究表明,在严格依照广东碳汇林建设规划的要求下,广东省碳汇林的综合价值在20年的项目期内经过加权和折现后将达到219106.1万元。其中,碳汇价值为207631.9万元,生态价值为11049.93万元,经济价值为395.15万元,社会价值为29.13万元,而整个碳汇林建设预计总投资300万元。因此,在现阶段进行广东碳汇林建设,具有生态上的必要性和经济上的可行性。

第七章　广东碳汇林综合价值实现的
干扰因素分析

一、广东碳汇林干扰概述

广东碳汇林建设从 2008 年开始到 2027 年结束，20 年项目期内，在广东龙川县和汕头潮阳区造林 400 公顷。项目要取得圆满成功，实现预期的碳汇价值、生态价值、经济价值和社会价值，必须满足两个基本条件：一是建设水平必须达到一定数量规模；二是管理水平要能够确保碳汇林的质量。但自然界中所发生的降雨、闪电、极端温度、火灾、病虫害、洪灾、旱灾、飓风、火山喷发、地震以及泥石流等自然灾害都会使成熟林或处于生长期的碳汇林受损；或者人为纵火、疏忽等引起的森林火灾以及采伐、盗伐等毁林活动也会产生对碳汇林的损害，从而使碳汇林价值的实现受到干扰，或者使其价值大大降低，低于预期水平。基于上述原因，本研究将详细分析干扰广东碳汇林价值实现的自然干扰因素和人为干扰因素。

二、广东碳汇林自然干扰因素分析

广东碳汇林建设受到自然干扰因素的影响，这些干扰因素按照它们的功能可以分为内部干扰和外部干扰。内部干扰（如自然倒木）是在相对静止的长时间内发生的小规模干扰，对生态系统演替起重要的作用；外部干扰（如火灾、风害、砍伐等）是短期内的大规模干扰，它妨碍生态系统演替过程的完成，甚至使生态系统从高级状况向较低级的状态发展（魏斌，1996）。

（一）内源性干扰

1. 树种结构不合理

碳汇林中的桉树对土壤的水分、肥料和养分需求大，大面积的引种容易造成土壤板结、土地肥力下降，也容易抑制其他生物的生长，这样的树种在项目区内有的地方不受村民欢迎，遭到一定程度的反对。

2. 土壤养分低

汕头潮阳区碳汇林地土壤为赤红壤土、水稻土、潮沙泥土、滨海沙土四类，龙川县碳汇林林地土壤也是以赤红壤为主。赤红壤土性往往侵蚀严重，土体薄，林木立地条件差，生物积累量少，质地较黏重，土壤呈较强酸性（pH 值 5.0 左右），土壤含磷、钾、有效态硼和钼的数量甚低，肥力较差。植物最适宜生存的环境是中性环境，土壤强酸性或者强碱性都不宜植物生长，并且肥力较差的土壤不能满足植物生长所需要的养分，增加了碳汇林造林成本。

3. 林地杂草多

广东碳汇林林下植被主要有狗尾草、鸭嘴草、芒萁、蕨草、芒草、桃金娘、岗松和鹧鸪草等。这些杂草非常多，与树木争肥、争水、争光，对生长造成影响；旱季火灾危险性高；同时是一些病菌害虫的寄宿地，杂草给病菌带来生存便利，使得病菌长期在杂草上潜伏，杂草一旦发生病害，极易感染树木。由于杂草的存在，管理部门需要加强除草、施肥等抚育管理力度，也需要将项目区每株苗木的整地范围扩大一些，以保证苗木所需的生长空间，提高成活率和保存率，而这些工作的进行相应地增加了碳汇林的管理成本。

4. 项目区坟墓多

广东碳汇林项目区和毗邻项目区坟墓建造比较多，这不但破坏林地，而且极易引发森林火灾，给广东碳汇林树木的生长带来潜在的隐患。

（二）外源性干扰

1. 台风

汕头市地处粤东沿海，各种台风频繁发生，如2006年强台风"珍珠"、2010年台风"凡亚比"和"狮子山"、2011年热带风暴"莎莉嘉"。台风对碳汇林群落结构造成极大破坏，导致大量树木个体的死亡和受伤，加大了森林生态系统中养分的流失。碳汇造林地点中的西胪镇前有万亩农业高产片区如水稻、香蕉、番石榴等，后有经济林果树万亩生产基地如杨梅、橄榄、荔枝等，每年灾害性天气造成的经济损失非常大。

2. 地震

广东省处于地震带上,是华南地区地震相对多发、灾害较为严重的省份。自 1067 年广东地区记录到有 4.75 级地震以来,广东省及其海域共发生 4.75 级地震 54 次,其中 4.75~4.9 级地震 18 次,5.0~5.9 级地震 26 次,6.0~6.9 级地震 8 次(不含本区外海域地震 6 次),7 级地震 2 次(不含本区外海域地震 1 次)。两次 7 级地震均发生在南澳(1600 年、1918 年)。6 级地震分别发生在南澳、揭阳、海丰、河源、阳江等地区。1962 年 3 月 19 日河源新丰江水库 6.1 级地震是世界上四个 6 级以上水库诱发地震之一。地震的发生会造成如下后果:房屋倒塌、桥梁断落、水坝开裂、铁轨变形等,地面破坏、出现裂缝、塌陷,喷水冒砂,山体等自然物的破坏,如山崩、滑坡等。这都是广东碳汇林的潜在隐患,使碳汇林价值的实现带有一定程度的不确定性。

3. 冰雹

冰雹(hail)也叫"雹",俗称雹子,有的地区叫"冷子",夏季或春夏之交较为常见。它是一些小如绿豆、黄豆,大似栗子、鸡蛋的冰粒。广东是国内发生冰雹较少的省份之一,但是每年各地都会有冰雹发生。2012 年广东 4 月发生冰雹多次,4 月 12 日,清远清新区、广州花都区傍晚出现了冰雹,韶关乐昌、清远三连地区深夜出现了冰雹;13 日下午,广州番禺出现短时小冰雹;15 日中午,韶关市区出现冰雹;梅州、惠州、东莞、湛江、茂名等市的部分地方均出现冰雹天气;17 日,东莞多个镇出现冰雹;18 日,廉江、吴川和罗定的部分地方出现冰雹;19 日,顺德陈村突降冰雹。冰雹的发生会给人类的生命财产安全造成损害,猛烈的冰雹会打毁庄稼,损坏房屋，砸伤人和牲畜；特大的冰雹甚至能比柚子还大，会致人死亡、毁坏大片农田和树木、摧毁建筑物和车辆等。冰雹的存在对于广东碳汇林价值的实现是一种潜在干扰，一旦发生将会给广东碳汇林带来损害。

4. 病虫害

广东碳汇林主要是红锥、火力楠、黎朔、木荷、桉树、山杜英和台湾相思七个树种，这些树种大部分容易受病虫害的危害，具体情况见表 7.1。这些病虫害一旦发生，就会对树木造成危害，有的虫子可以咬断苗木嫩茎；有的则取食当年生的新叶、嫩芽，造成新梢枯死，整株树叶被食光；有的病害使苗木茎部腐烂，逐渐枯死；有的病害为损害嫩叶、嫩梢和嫩果，使受害植株生长不良。广东碳汇林受这些潜在病虫害的干扰，需要加强管理，防止病虫害的发生，争取使病虫害的干扰降到最低限度。

表 7.1 广东碳汇林各树种病虫害

树种	病虫害
红锥	根腐病、叶枯病等，卷叶螟、金龟子、卷叶虫、竹节虫等虫害
火力楠	蛀梢象鼻虫、灰毛金花虫
木荷	地老虎、蛴螬
桉树	青枯病、焦枯病、桉小卷蛾、金龟子、白蚁
山杜英	铜绿金龟子
台湾相思	锈病

资料来源：文献整理

5. 火灾

广东是森林火灾多发的省份之一，2005—2007 年全省 21 个地级市共发生森林火灾464次，其中森林火警147次，一般火灾317次，火场总面积6735.49公顷，受害森林面积为3605.48公顷，损失成林蓄积为65642.35立方米，损失幼树4265.821万株，烧伤12人，烧死13人，其他损失折款1234.233万元（曾庆峰，2009）。从1991—2005年共15年中，在"八五""九五"和"十五"三个阶段广东发生森林火灾3447起，引起火灾的原因见表7.2。从表中可以看出，森林火灾的主要原因是烧荒烧炭、上坟烧纸、吸烟和炼山造林。在3447起森林火灾中，四种原因各占32%、13%、13%和7%，合计占总数的65%[①]。火源主要集中在2—3月（春耕春种）和11—12月（秋收冬种），尤其是生产性火源的分布，时间上主要集中在14:00—17:00（李小川等，2008）。

广东碳汇林区或者毗邻区有许多坟墓，每年的节日春节、元宵节以及清明节和冬至等节气，村民都要上山祭祖烧纸，一不小心会引起森林火灾；由于项目区与非项目区毗邻，村民经过项目区时无意中扔下的烟头如果遇到干旱的天气也会引起火灾；村民在毗邻的非项目区所进行的生产活动和非生产活动如果不小心也会引起火灾。火灾的发生对碳汇林是一种潜在的干扰，一旦发生，就会给碳汇林造成影响，使其价值难以实现。因此，需要加强对广东碳汇林火灾的管理，通过建立紧急预案，采取预防措施；建立高素质的护林员队伍，加强对山火危害的宣传，加强对火灾发生的处置。

---

①　杨斯导，曾庆峰，张月雄，等.广东省森林火灾现状与趋势分析［J］.森林防火，2007（3）：20—22.

表 7.2 森林火灾火源类型比率表 单位：%

项目	生产性火源	烧荒烧炭	炼山造林	非生产性用火	野外吸烟	取暖做饭	上坟烧纸	烧山驱兽	小孩玩火	痴呆弄火	未查明火源	已处理火案
平均值	46.6	32.1	6.7	50.3	13.5	1.8	12.5	1.4	3.5	8.2	23.4	72.1
八五	42.2	28.0	8	56.2	20.1	2.4	14.8	1.4	2.3	5.3	24.2	65.1
九五	50.5	34.6	6.4	46.5	9.2	1.7	14	1.5	3.4	8.7	24.2	69.5
十五	47.0	33.9	5.6	48.3	11.2	1.1	8.8	1.2	4.8	10.7	21.9	81.7

三、广东碳汇林人为干扰因素分析

广东碳汇林价值的实现除了受到自然干扰之外，许多人为干扰因素也使得碳汇林价值发生偏离，导致预期目标的实现受到一定程度的干扰。为了了解人为干扰对广东碳汇林价值实现的影响，笔者通过设计调查问卷的形式对项目区林农进行调查，通过这些调查分析广东碳汇林价值的实现所受到的人为干扰因素。

（一）问卷调查

对碳汇林区林农进行问卷调查，需要采用分层比例抽样确定要调查的人数。按各层单位数占总体单位数的比例从中抽取样本，使各层样本单位数与各层总体单位数之比等于样本容量与总体单位之比（马军海，2005）：

$$\frac{n_h}{n} = \frac{N_h}{N} \, (h=1, \ 2, \ 3, \ \cdots, \ L)$$

据此，可得到：

总抽样比：$\qquad\qquad f=\dfrac{n}{N}$ （7.1）

各层的样本量：$n_h=\dfrac{N_h}{N} \times n=W_h \times n, \ h=1, \ 2, \ \cdots, \ L$ （7.2）

各层抽样比：$f_1=f_2=\cdots=f_L=f=\dfrac{n}{N}$ （7.3）

总的样本量：$n=\displaystyle\sum_{h=1}^{L} n_h, \ h=1, \ 2, \ \cdots, \ L$ （7.4）

其中：

总层数：L ；

第 h 层单元数：N_h，$h=1, \ 2, \ \cdots, \ L$ ；

第 h 层样本量：n_h，$h=1, \ 2, \ \cdots, \ L$。

1. 确定调查人数

广东碳汇林分布在东瑶村、双桥村、内峯村和龙溪村四个村，四个村总人口16600人，其中双桥村有村民3000人，东瑶村有1400人，内峯村有6000人，龙溪村有6200人。本次研究计划调查150人，根据公式（7.1）算出样本容量与总体的个体数之比，即总抽样比为0.9%。

由于四个村相隔都比较远，具有较大的差异性，因此以村为单位采用分层抽样调查方式，将项目区分成四个层次，按照公式（7.2）求出各层要抽取的个体数，即从双桥村抽取27人，东瑶村抽取13人，内峯村抽取54人，龙溪村抽取56人。在四个村内采用简单随机抽样的方式确定被调查的对象，四个村的农民被调查的概率是相等的，按照公式（7.3）得出的各层抽样化均为0.9%。

将这四个村抽取的个体数合在一起，就是本次调查的全体，根据公式（7.4）所抽取的样本总和为 150，即要调查 150 位农民，其中调查双桥村 27 人，东瑶村 13 人，内峯村 54 人，龙溪村 56 人。

2. 调查问卷的设计

本次调查主要针对农民对碳汇林的了解情况和碳汇林的被利用情况，希望调查的结果能有利于对广东碳汇林价值实现的干扰因素进行分析，也希望能在分析的基础上为广东更好地进行碳汇林建设提出意见。具体进行设计调查问卷的时候，考虑被调查者林农知识水平和受教育程度，问卷语言浅显易懂，不至于产生歧义；问卷多采用选择题的形式，便于林农回答，不会耽误林农更多的时间；同时问卷有卷首语，让林农明白对他们所进行的调查不会对他们有任何影响。从实际操作来看，本次调查得到了林农很好的配合，调查基本成功，调查结果基本反映了林农的真实想法。

（二）广东碳汇林人为干扰因素

通过对调查结果进行分析，发现广东碳汇林价值的实现除了受到自然干扰之外，还受到许多人为干扰因素的影响，人为干扰因素主要有采伐薪材、管理不完善和林农参与意识差等因素。

1. 薪材采集

2009 年龙川县人均 GDP 为 10991 元，汕头潮阳区人均 GDP 为 10102 元，在具体实施森林碳汇项目的农村人均 GDP 则更低，农民主要使用木材作为烧火做饭和取暖的能源，在对项目区林农进行调查时，55.79% 的林农表示，他们偶尔会对碳汇林进行薪材利用，11.58% 的林农认为会经常对碳汇林进行薪材利用，32.63% 的林农则表示完全不会对碳汇林进行薪材利用，具体情况见图 7.1。当地农民偷砍薪炭材的行为，在一定程度上会造成对森林资源的破坏，造成森林碳汇的流失，不利于广东森林碳汇项目的开展，影响广东碳汇林碳汇价值的实现。

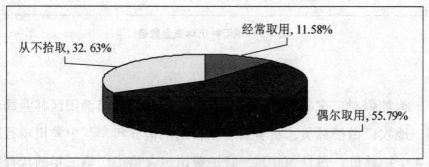

经常取用,11.58%

从不拾取,32.63%

偶尔取用,55.79%

图 7.1　碳汇林薪材利用情况

2. 管理不完善

（1）管护资金缺乏

广东碳汇林建设中，由于宣传不到位以及公众对森林碳汇的认识不够等原因，社会上除了中国石油天然气集团公司外还没有其他企业投资，也没有公众购买森林碳汇，使得广东碳汇林建设的资金来源单一，主要是由中国绿色碳基金从中国石油天然气集团公司筹集。

在关于广东碳汇林造林资金数量是否足够的调查中，83.16% 的林农认为广东碳汇林造林资金完全不够，6.31% 的林农认为有多少干多少，10.53% 的林农认为不清楚，认为完全够的林农比率为零，具体情况见图 7.2：

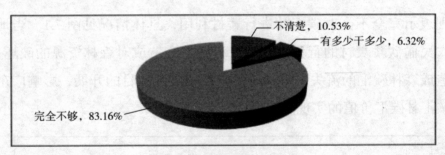

不清楚，10.53%

有多少干多少，6.32%

完全不够，83.16%

图 7.2 　碳汇林造林资金数量

为加强对广东碳汇林的管理，龙川县和汕头市潮阳区林业局聘请当地农民做护林员，负责管护项目期的前 5 年，其中龙川项目区请 4 个护林员，每月 500 元，管护费用包含第二、第三年的抚育费用在内总计 3.8 万元；汕头市潮阳区请 4 个护林员，2011 年以前是每月 500 元，从 2011 年 1 月开始每月 800 元，5 年管护费为 8.8 万元。这些管护费用全部来自中国绿色碳基金投资造林的 300 万元，将它们分摊到 20 年的项目期内，平均每年大约 0.2 万和 0.4 万，在这仅有的管护费中还要包含第二、三年的抚育费用。

（2）护林员管护能力有限

护林员是当地的农民，他们住在远离碳汇林的村庄里，没有经过专业的培训，并且其管护的范围不仅仅是碳汇林区，还要负责其他林区。在巡查时发现有生长不良或发生病虫害的林木只能进行登记，然后上报林业局。

（3）护林员管理积极性不高

护林员由当地农民组成，他们除了要管护碳汇林之外，还要从事农业生产，不可能将全部精力用在管护方面，同时比较低的护林工资也使他们对项目区碳汇林的管理积极性不高，他们只是偶尔到山上巡查，没有形成经常巡查的制度，没有采取预防性的措施，也没有从思想上重视保护碳汇林的重要性，认识不到碳汇林给他们带来的综合价值。

（4）项目期后 15 年没有继续设置管护人员

项目期的前 5 年安排专人管护，避免人畜破坏，做好森林防火和以生物防治为主的病虫害综合防治措施。但是项目期后 15 年的管护由当地村委会负责，没有继续设置专门的管护人员，管护费用从省级生态公益林效益补偿金及林地所属村自筹资金共同支付。村委会的管护比专门护林员的管护则更为松散，更容易流于形式。

3. 林农参与意识差

（1）林农对碳汇林认识度低

根据对广东碳汇林区 150 位林农关于碳汇林的了解情况进行的抽样调查，11.58% 的林农认为相当熟悉，7.37% 的林农对碳汇林有一定的了解，认为不太了解和完全不了解的林农分别占 60% 和 21.05%，具体情况见图 7.3。林农对于碳汇林不了解的原因主要有两个：首先，林农自身的文化素质比较低，或者是林农只关注碳汇林的眼前利益，看不到碳汇林的长远利益等原因而对碳汇林关注少；其次，当地对于碳汇林的宣传不完全。

在关于碳汇林认识情况的进一步调查中，项目区大部分的林农对广东碳汇林的树种构成不知道，占 89.47%，只有少数林农对广东碳汇林的造林树种有所了解，占 10.53%，他们主要是通过媒体和网络了解的，或者是在项目进行造林的时候上山看到的。

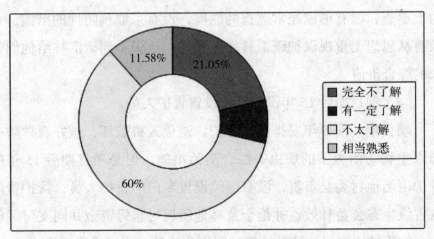

图 7.3　林农对碳汇林的认识情况

图例：
- 完全不了解
- 有一定了解
- 不太了解
- 相当熟悉

（2）林农参与意识不强

由于当地农民对于碳汇林的不了解，他们看不到碳汇林给他们带来的直接经济价值和社会价值，更看不到碳汇林带来的生态价值和碳汇价值。他们大多数对碳汇林的建设持有消极的态度，根据对广东碳汇林区的登云镇双桥村、佗城镇东瑶村、西湖镇的内峯村和龙溪村共计 150 位林农进行的问卷调查结果可知，愿意为建设和保护碳汇林支付一定费用的占 26.67%，不愿意的占 63.33%，没有回答的占 8.33%，回答不清楚的占 1.67%，具体调查结果见图 7.4。在这四种调查结果中，比率最大的是不愿意，占 63.33%，究其原因大部分林农认为植树造林是政府的事，也有部分林农认为自己收入低，能力有限。农民的消极态度，容易使碳汇林建设的隐形成本增加，这增加了建设的难度，也增加了对碳汇林管理的难度。

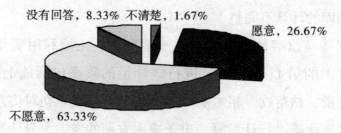

图 7.4 林农参与愿意

4. 生态效益补偿标准低

1999 年广东省开始实施生态公益林效益补偿制度，1999 年广东生态公益林效益补偿标准为每亩每年 2.5 元，2007 年提高到每亩每年 8 元，2008 年以来，广东生态公益林效益补偿标准每亩每年递增 2 元，到 2011 年，补偿标准达到每亩每年 16 元。广东碳汇林在功能上属于生态公益林，按照生态公益林补偿政策，项目地龙川县林业局和汕头潮阳区林业局按照每亩每年 6 元和 8 元的标准分别给予项目区的村集体生态效益补偿款，这样的补偿标准在广东生态效益补偿中是比较低的。

5. 造林模式单一

项目区林地的所有权属于村集体，由集体统一经营，项目区林业局与当地村委会签订协议在村土地上进行植树造林，所造林木砍伐以后获得的经济效益属于村集体，村集体自留部分，其余的分给林农。这样的造林模式，无法调动林农的积极性。在调查中发现，如果是在项目区农民自己的土地上造林，他们当中许多人表示会愿意出工出力；如果是在集体土地上造林，他们则表现得比较消极，持观望的态度。

6. 碳库的计算不完整

根据《马拉喀什协定》有关土地利用、土地利用变化和林业（LULUCF）的第 11 号决议，进行碳计量的碳库包括地上生物量、地下生物量、枯落物、粗木质残体和土壤有机碳。在对广东碳汇林吸收的二氧化碳进行计量时，出于成本方面的考虑，只计量和监测地上生物量碳库和地下生物量碳库，没有对枯落物、粗木质残体和土壤有机碳等进行计量，容易导致计量得出的二氧化碳吸收量比实际吸收量要少。

四、本章小结

本章对影响广东碳汇林综合价值实现的干扰因素进行了分析，其价值的实现受到自然干扰和人为干扰因素的影响。自然干扰主要有土壤养分低、林种结构不合理等内源性干扰和病虫害、火灾等外源性干扰；人为干扰主要是当地居民薪材采集、管理不完善等。这些干扰因素的存在，使得广东碳汇林的造林数量和质量可能达不到相关建设要求，降低了预期的价值水平。因此，有必要进一步探讨如何降低干扰因素的影响，最大限度地实现广东碳汇林的价值。

第八章 广东碳汇林综合价值实现的路径研究

广东碳汇林综合价值的实现必须以碳汇林的存在为前提，为了确保碳汇林的建成，一方面必须严格按照造林计划进行施工，另一方面在造林完成之后要加强管理，减少各种因素的干扰。实际上，受诸多自然干扰因素和人为干扰因素的影响，使广东碳汇林综合价值的实现带有一定的不确定性。

为了圆满完成碳汇林建设，最大限度地实现广东碳汇林的价值，本研究采用管理学中的 PDCA 循环来加强对广东碳汇林的全面质量管理。

一、PDCA 循环

（一）PDCA 循环概念

PDCA 循环又叫戴明环，是美国质量管理专家戴明（Deming）博士首先提出的，它是全面质量管理应遵循的科学程序。全面质量管理活动的全部过程，就是质量计划的制订和组织实现的过程，这个过程就是按照 PDCA 循环，不停顿地周而复始地运转的。它是各种有效管理或解决问题的方法的核心框架与基本逻辑，缺少其中任何一个环节的管理或解决问题的方法都会导致失败。

PDCA 是英语单词 plan（计划）、do（执行）、check（检查）和 action（处理）的第一个字母，PDCA 循环就是按照这样的顺序进行质量管理，并且循环不止地进行下去的科学程序。

P（计划）阶段：掌握现状，确定目标，识别问题，分析问题产生的根本原因；针对问题的根本原因，确定改进的对策和措施并形成改进计划。

D（实施）阶段：按计划确定的对策和措施实施。

C（检查）阶段：检查实施阶段的各种活动是否遵循计划阶段制定的标准，结果是否达到预期的要求。

A（处理）阶段：根据检查阶段的分析结果，采取相应的应对措施。

这四个步骤构成每项质量管理工作的完整周期，整个质量管理活动按 PDCA 的顺序逐步进行，首尾相连形成了循环的工作圈。

（二）PDCA 循环的特点

周而复始。PDCA 循环的四个阶段不是运行一次就结束了，而是周而复始地循环进行。

大环带小环。全面质量管理是一种全员参与的现代管理模式，一个部门和一个工作阶段都存在着 PDCA 循环，从而构成一种大环带动小环的有机逻辑组合。

阶梯式上升。每通过一次 PDCA 循环，都要进行总结，提出新目标，再进行第二次 PDCA 循环，使质量管理的车轮滚滚向前。PDCA 每循环一次，质量水平和管理水平均提高一步。

二、广东碳汇林质量管理计划的制订

（一）广东碳汇林管理现状分析

前面章节分析了广东碳汇林存在病虫害、森林火灾和气候等方面的自然干扰，也分析了广东碳汇林所存在的管理不完善、林农参与意识不强和薪材采集等人为干扰因素。由于这些干扰因素的存在，广东碳汇林树木容易受到一定程度的毁损，从而导致造林质量发生一定的折扣。如果造林质量下降了，碳汇林价值的实现将会受到影响，达不到预期的目标。因此，需要进一步分析怎样使这些干扰因素的影响降到最低，怎样最大限度地实现碳汇林的价值。

（二）广东碳汇林质量管理改进措施

广东碳汇林建设由项目区林业局、村委会和护林员共同参加，负责对广东碳汇林的质量进行管理。他们从 2008 年到 2027 年期间分别在龙川县登云镇的双桥村和佗城镇的东瑶村、汕头潮阳区西胪镇的内峯村和龙溪村对碳汇林进行管理。

1. 针对自然干扰因素的改进措施

（1）做好病虫害防治工作

早在 20 世纪 50 年代初期，我国就在植保工作上开始使用"综合防治"一词，其主要含义是指对病虫害采用各种防治措施的综合，如农业技术防治、物理防治、生物防治和药剂防治等。1975 年农林部（1979 年撤销农林部）召开的全国植物保护工作会议，确定"预防为主，综合防治"为我国植保工作的方针。在这个方针的指引下，病虫害的防治取得了很大进展。随着病虫害防治水平的不断提高，我国又开始使用病虫害"综合治理"一词。这并非词语上的简单变更，而是标志着我国植物病虫害综合防治水平的提高。病虫害综合治理的内容有以下特点：①从生态学观点出发，全面考虑生态平衡、环境安全、经济合算；②不全部消灭病虫（主要指害虫），使剩余的少部分害虫作为天敌的食料，发挥自然界的自控作用，设法使病虫维持在不造成经济损失的水平上；③尽量采用多种方法防治病虫，不单纯依赖某种速效方法，尽量少用或不用对环境和农田生态系有破坏作用的药剂防治法；④合理运用药剂防治法，尽量采用选择性农药，减少对自然天敌的伤害。

广东碳汇林各树种大部分容易受病虫害的侵害，根据不同的病虫害可以分别采用农业防治、物理防治、人工防治、生物防治和药物防治等，其具体防治情况见表 8.1。

表 8.1　广东碳汇林各树种病虫害防治方法

树种	病虫害	防治方法
红锥	根腐病、叶枯病等，卷叶螟、金龟子等虫害	喷洒 1% 的等量波尔多液、1% 多菌灵溶液防治病害；用 90% 敌百虫 0.2% 溶液或 52% 的马拉松乳剂 500~600 倍溶液能有效防治虫害
	卷叶虫、竹节虫	用 90% 的敌百虫 1500~2000 倍液进行喷洒可防治

树种	病虫害	防治方法
火力楠	蛀梢象鼻虫	在 3 月份成虫产卵期及 5 月中下旬成虫盛发期用 621 烟剂熏杀成虫，每亩用药 0.5~1 千克；在 4 月上旬用 40% 乐果乳剂 400~600 倍液喷洒新梢，可杀死梢中幼虫
	灰毛金花虫	在 4 月下旬用 621 烟剂熏杀成虫，每亩用 0.5 千克
木荷	地老虎	敌百虫 50g 拌炒熟的米糠 5000g 撒施苗床，或用泡桐叶片铺盖苗床，夜间地老虎群集叶下，清晨掀开桐叶捕杀
	蛴螬	冬季圃地深翻；播种时每亩撒 3% 呋喃丹 3~4 千克于播种沟；苗期可用 50% 马拉松 800 倍液浇施
山杜英	铜绿金龟子	可震落捕杀或晚设灯诱杀，亦可用 50% 敌敌畏乳剂 800 倍液毒杀
台湾相思	锈病	在嫩叶长出前后，喷 1% 的波尔多液或者 0.3~0.5 波美度石硫合剂 2~3 次，每隔 7 天喷 1 次
桉树	青枯病	植株发病后还没有确切有效的防治方法，一经发现，只能立即连根拔除，株穴土壤撒石灰消毒，销毁病株
	焦枯病	选择排水良好的土地造林，低洼地要搞好排水沟，种植密度要适当，不宜太密
	桉小卷蛾	人工捏杀，看到幼树嫩叶有卷叶处，用手把卷叶内的幼虫捏死；农药喷杀，用敌百虫 600 倍液加少量煤油或乐果 1000 倍液或菊酯类（按使用浓度）喷杀
	金龟子	造林时，每亩用 2~2.5 千克敌百虫粉（或特丁膦 1.25 千克）均匀撒植穴内，可驱杀龟子幼虫；用农药敌百虫、甲胺磷稀释成 600~800 倍液喷在叶面，可有效毒杀成虫
	白蚁	诱杀，用蔗渣、食糖等埋入土中，引诱白蚁集中后用农药毒杀；内吸毒杀，在幼树周围的土壤中施放呋喃丹，可毒杀白蚁

资料来源：文献整理

（2）做好森林防火，杜绝森林火灾

森林火灾会给森林带来严重危害，森林火灾位居破坏森林的三大自然灾害（病害、虫害、火灾）之首，它烧毁林木，毁坏林地资源，破坏生态环境，甚至威胁人民的生命财产安全，广东碳汇林区有必要加强森林防火，做好森林防火工作。

①加强森林防火宣传，增强防火意识。

碳汇林区可以通过在电视、广播等媒体上宣传森林防火的重要性，还可以通过办墙报、刷写标语、印发通告和宣传资料、树立宣传牌、出动宣传车、组织文艺演出、制定村规民约、签订责任书、发放宣传画等各种形式，加大对林区群众的森林防火宣传力度，更可以在火险重点地段树立森林防火宣传牌（碑），制作警示标志和刷写森林防火宣传标语，悬挂森林防火警示旗。

②全面排除各种隐患。

碳汇林区一定要把林区野外火源管理作为当前森林防火重中之重的工作来抓，坚决禁止造林烧山、烧田坎和草木灰等一切农事用火，严防易肇事肇祸精神障碍患者及小孩等人群在野外用火、玩火及燃放鞭炮、烟花等，同时要将碳汇林区和毗邻区坟墓迁走，抚育期间除掉林下植被中生长茂盛的杂草。

③建立健全的森林防火组织机构。

防火机构要配备防火物资，完善森林防火预案和应急预案，制定各项森林防火规章制度，启动每日零报告制度，形成统一指挥、功能齐全、反应灵敏、运转高效的森林防火运行机制，能够做到一有火灾马上采取措施进行针对性处理，从而杜绝森林火灾，保障森林质量和数量。

④发现火情及时上报。

碳汇林区一旦发生森林火灾后，要及时上报，避免小火发展成大火，给扑救工作增加难度。

⑤科学扑火。

森林火灾杀伤力强，有时树冠火、地表火、地下火同时燃烧，很容易造成扑火人员烧伤、烫伤；林木燃烧带来的热辐射能把几十米甚至百米外的树枝树叶烤燃，极易造成人员窒息；火场大量树木燃烧，空气随火流动，易形成火场小气候，使风向突然改变，对扑火人员生命安全构成威胁。因此，在参加火灾扑灭时，要自觉遵守火场安全规定，进入火场前要掌握火场紧急避险的时机和方法，加强自我防护能力；进入火场后要及时掌握风向、风力和火情变化，不可盲目深入，防止出现人员伤亡。

2.针对人为干扰因素的改进措施

如果将碳汇林人为干扰因素按照其产生来源进行划分，可以分为三个层面的干扰，即林业局、护林员和公众。本研究将从这三个方面分析如何尽量减少干扰因素的影响，最大限度实现碳汇林的价值。

（1）林业局

①举办森林碳汇培训班。

碳汇林建设与一般意义上造林项目有很大的不同，涉及的利益相关者较多，实际的操作程序比较复杂，具有一定的挑战性。目前项目区林业局这方面的专家比较少，需要适当引进（聘请）专家担任碳汇林建设工作的顾问或请专家对项目区林业局专业人员进行系统培训，重点放在全面研究掌握 CDM 造林再造林项目实施程序、规则和途径，碳汇要求下的造林技术、森林抚育技术，林业碳汇项目的基线、额外性、泄漏、碳库以及碳储量的计量、监测和核查，为广东碳汇林建设培养一支专业技术队伍。

②提高生态效益补偿标准。

坚持贯彻广东生态公益林效益补偿制度，按照广东生态公益林效益补偿标准给予项目区林农生态公益林效益补偿。广东碳汇林的生态效益补偿标准如果比其他生态公益林的补偿标准低，就容易导致碳汇林地用途发生改变，因此需要提高广东碳汇林的生态效益补偿标准，与其他类型的生态公益林补偿标准保持一致。

③造林模式多样化。

广东碳汇林建设主要是当地林业局与项目区村集体通过签订协议，由集体提供土地，林业局负责造林，所造的林子属于村集体。这种造林模式难以调动林农的积极性，可以探讨在林权改革的基础上，在林农承包的土地上进行造林，所造林木以后属于林农个人所有，并且规定20年内不得砍伐；也可以考虑建立短的轮伐期，例如5年，在轮伐期内进行砍伐，实现广东碳汇林的直接经济效益，这样便于调动林农保护林木的积极性。

④强化碳汇林地管理，避免林地用途改变。

广东碳汇林属于生态公益林，在20年的项目期内，林地的用途不得发生改变，不能转变为其他利用方式，这样才能保证碳汇林的存在，因此需要强化对碳汇林地的管理，防止林地用途的改变。在碳汇林建设之初，就要和当地村委会协调好，让他们明白项目期内林地用途保持不变，并且以制度的形式固定下来；在实际管理过程中，通过不定期的巡查，排查隐患，确保林地用途不会发生改变。

⑤及时补植。

结合抚育实施情况，检查苗木的成活率，发现死株、缺株应及时补植，保证当年苗木成活率在95%以上。一年后成活率未达95%的造林地，应使用同龄苗木进行补植补造。

（2）加强对护林员的管理，提高其业务素质

广东碳汇林在20年的项目期内都需要护林员的管理，预防火灾、病虫害，排查各种安全隐患，其重要性是不言而喻的，因此人们常说林业要发展，三分靠造林，七分靠管护。在广东碳汇林建设过程中需要加强对护林员的管理，提高其业务素质，具体可以从以下几个方面实施。

①严格选择标准。

鉴于护林工作的特殊性和重要性，他们的工作直接关系到其所管护范围内碳汇林的安全。对护林员的选取必须严格要求，要具备以下基本素质：身体健康，有较强的吃苦耐劳精神，有一定农村工作基础和管理经验，有相当的护林防火、安全防范专业技术，同时要有一定的事业心和责任心。

②明确岗位职责。

为了保证碳汇林的安全，管理部门可以将护林员的岗位职责以制度的形式固定下来，做到有章可依。护林员要经常巡护林区，加强对林区火源的管理，及时报告火情，制止破坏森林资源的行为；对造成森林资源损失的，护林员有权建议有关部门处理；发生森林火灾，协助办案机关查处火灾案件。为了调动护林员的工作积极性，可以采取奖惩相结合措施，尽量奖多惩少。

③培训护林员。

项目区林业局要通过对护林员进行培训，使他们能够尽快提高政治和业务素质，担负起护林防火工作的神圣职责，保护森林资源，促进林业事业健康发展。培训内容以森林防火为主，主要培训森林防火的危害、森林火灾种类以及《中华人民共和国森林法》《中华人民共和国森林法实施条例》《森林防火条例》相关林业法律法规知识，培训森林火灾预防、扑救和避险措施，培训林业有害生物防治等内容。通过培训，林业局建立起一支高素质的护林员队伍，同时，护林员能够进一步增强自身工作职责的使命感和光荣感，担负起护林防火工作的职责；能够当好"四员"，即林木资源的守护员、林情上达的信息员、政策法规的宣传员、案件查处的助理员。

（3）加强对公众的引导

森林碳汇是一项新生事物，社会上许多人都不知道碳汇是什么，82.05%的被调查的林农也表示对森林碳汇不了解。广东碳汇林要建设好，首先必须做好宣传工作，通过网络、报纸、杂志以及学校向项目区的公众宣传，主要宣传当前的气候形势，宣传碳汇林建设的重要性，宣传碳汇林所带来的收益等。

通过宣传，让公众能够积极投入碳汇林建设中来，自愿为碳汇林建设出资出力，他们自身也能获得利益。企业通过投入造林资金，既可以在树木成材后通过砍伐和出售木材获得经济效益，也可以在社会上提高自己的影响力和知名度，树立企业形象，还可以为今后的碳减排做准备；个人投资造林或者购买森林碳汇则可以抵减个人日常生活所排放的二氧化碳，为国家面临的碳减排分担压力。

（三）广东碳汇林质量管理的目标

1. 广东碳汇林质量管理的总体目标

通过质量管理措施的实施，广东碳汇林的面积达到预期规模，树种比例合理，碳汇林的质量符合要求；对碳汇林的管理水平有比较大的提高，从而保证碳汇林综合价值得到最大限度的实现。

2. 广东碳汇林质量管理的具体目标

质量管理的总体目标只是为广东碳汇林建设指明了前进的方向，至于它所涉及的项目区林业局、碳汇林的护林员和当地林农等利益群体在质量管理措施实施后能够达到什么样的状态则是非常笼统的，因此有必要对这些利益群体状况的改进进行分析，分析实施广东碳汇林质量管理计划后，这些利益群体对碳汇林建设所应该具有的态度和进行碳汇林建设应该具备的能力。

（1）林业局

①通过培训，项目区林业局能够形成一批专业技术人员，他们对于碳汇造林方法学有了更多的认识，懂得基线、额外性、碳汇的计量和监测、泄漏和碳库的选择等方面的知识，从而能够尽可能准确地对碳汇林的碳汇价值进行计量。

②项目区林业局确保村民不会由于利益的驱使而使碳汇林地用途发生变更。

③通过改变造林模式和提高生态效益补偿标准等措施调动林农的积极性。

（2）护林员

通过质量管理改进措施的实施，林区能够建立一支高水平的护林员队伍，他们身体素质好，护林积极性高，有比较丰富的防治火灾和病虫害的知识。

（3）村委会

村委会能够很好地配合碳汇林的建设，为碳汇林建设提供土地，在项目期后期没有护林员时能够担当护林责任。

（4）公众

通过宣传，公众对于碳汇林建设的重要性有了更多的了解，能够更热心地参与碳汇林的建设，为碳汇林的建设做出自己应有的贡献。

三、广东碳汇林质量管理计划的实施

上一阶段制定了广东碳汇林质量管理的改进措施以及通过实施预期达到的目标，本阶段将质量管理措施进行贯彻执行，争取实现预期的目标。

（一）加强沟通，有效利用资源

沟通是管理过程中引导组织之间、人员之间建立相互协作和主动配合的良好关系，有效利用各种资源，以实现共同预期目标的活动。沟通既有内部沟通，也有外部沟通，在广东碳汇林建设过程中两者都可以采用。

1.广东碳汇林质量管理中的内部沟通

（1）项目区林业局内部的沟通

为了更好地开展广东碳汇林建设，项目区林业局抽调部分工作人员组成项目组专门负责碳汇林的建设。项目区林业局内部项目组工作人员可以就碳汇造林方法学方面进行沟通，提高对基线、额外性、泄漏和碳汇计量、监测的认识，增强造林能力；也可以就如何加强对护林员的管理达成共识；还可以就造林模式沟通，探索一种既能使广东碳汇林价值最大化，又能很好地调动当地林农积极性的模式；更可以就林权改革、生态效益补偿等问题进行沟通，以便能够更好地进行广东碳汇林建设。

（2）护林员之间的沟通

为了加强对碳汇林的防护，项目区林业局聘请几名护林员负责对碳汇林进行管护。这些护林员之间可以通过相互沟通明确各自的防护责任区，提高防治火灾、病虫害的能力，提高处理各种突发事故的能力如盗砍林木、偷伐薪材，对信息的传达能够做到快速、及时和有效。

（3）项目区林业局与当地村委会之间的沟通

广东碳汇林建设要能顺利地进行，需要取得当地村委会的支持，需要他们提供土地，需要他们参与对碳汇林的管理，因此两者之间有必要进行沟通。通过沟通，两者能够达成共识，形成一致意见，圆满完成建设任务。

（4）项目区林业局与护林员之间的沟通

通过项目区林业局与护林员之间的沟通，林业局能够就护林员提供的情况及时采取措施进行处理，能够加强对护林员的管理，提高其管理水平；通过沟通，护林员则能很好地贯彻项目区林业局传达的防护精神，认真做好防护工作。

2. 广东碳汇林质量管理中的外部沟通

（1）项目区林业局与当地公众的沟通

项目区林业局通过宣传，能够与公众就建设碳汇林的重要性和利弊得失以及保护环境、减缓气候变化达成共识，能够争取有识之士参与社会公益活动。

（2）项目区林业局与国内其他碳汇林实施单位的沟通

国内实施了许多森林碳汇项目，建造了一批碳汇林，有的地方开展得比较早，建设得比较成功，积累了丰富的造林技术和管理经验。广东碳汇林项目区林业局可以与其他地方就碳汇林的建设进行协调，以提高自身的建设能力。

（二）加强信息反馈，提高控制的有效性

广东碳汇林质量管理必须以真实可靠的信息为基础。信息工作的质量在很大程度上决定了控制的有效性。项目区护林员向林业局汇报情况要常态化，一周最少汇报一次，并且制定相应的制度，遇到突发情况要能保证信息沟通渠道畅通，保证信息传递及时和准确。

（三）加强咨询指导，发挥部属的积极性

项目区林业局可以通过咨询指导的形式，为碳汇林项目组工作人员和护林员服务，为下级提供实现目标的各种条件，使下级提高实现目标的信心，以利于目标责任者充分发挥自己的管理能力和创造才能。这样做既有利于密切上下级关系，形成坚强有力的目标向心力；也有利于领导者掌握真实情况，协调好各方关系，保证组织

的整体目标实现。

（四）注意动态变化，提高对环境的适应性

动态变化包括林业局和护林员内部状态的变化以及外部环境的变化，这两种变化是相互影响、相互作用的。因此，不能采用"闭门造车"的办法来实施广东碳汇林质量管理。在碳汇林质量管理中，除了注意内部状态的变化，搞好横向和纵向的沟通之外，还要注意外部环境变化的影响，及时采取有效的应变对策，以保证获得比较好的管理绩效。对于一些突发情况，如盗伐、火灾，要建立应急预案，提高反应能力。

四、广东碳汇林质量管理计划实施情况的检查

广东碳汇林质量管理计划的实施是否按照既定步骤进行，是否能实现预期目标，都需要通过检查才能知道，检查可以采用自检、互检和专家检查等形式。

（一）广东碳汇林管理者的自我检查

1. 项目区林业局的自检

项目区林业局首先在内部进行检查，检查碳汇林建设质量，包括苗木的成活率、树种比率和造林面积等，检查碳汇林建设人才培养情况，检查碳汇林地的使用情况，也检查护林员执行岗位职责护

林防火、防病虫害的情况。通过自检，林业局能够发现碳汇林质量管理过程中存在哪些缺陷，需要采取哪些措施进行改进，提高造林质量。

2. 护林员的自检

护林员检查自己的工作执行情况，检查自己业务素质的提高情况，检查本防护区火灾、病虫害的预防情况，检查是否存在护林盲点，通过自检查找自己在执行任务过程中存在的问题，以及需要在哪些方面进行改进。

（二）广东碳汇林管理者之间的检查

1. 项目区林业局内部工作人员的互检

项目区林业局内部参与碳汇林建设的工作人员相互检查，检查对方的业务知识学习情况，检查对方与护林员的沟通情况，检查对方的工作态度和能力，通过检查发现彼此在实施碳汇林质量管理计划中存在的问题，能够达成共识，提高对碳汇林进行管理的能力。

2. 护林员之间的互检

护林员检查彼此防护区火灾、病虫害的发生和防治情况，检查彼此对于岗位职责的理解，检查彼此护林防火的能力，通过互查，对自己在护林方面做得好的经验继续保持，做得欠缺的方面加以改进。

（三）广东碳汇林质量管理计划实施情况的专家检查

项目区林业局可以请广东省林业厅碳汇造林专家，或者国内其他省份碳汇林建设专家到项目区进行检查，检查碳汇林建设的完成情况，检查项目区林业局碳汇造林工作人员的业务素质，检查护林员的工作能力，通过检查学习国内其他地方碳汇林建设比较成功的管理经验，提高自身的造林质量和管理水平。

五、广东碳汇林质量管理计划检查结果的处理

根据广东碳汇林质量管理计划实施情况的检查结果，要做到：巩固成果，把成功的经验尽可能纳入标准，进行标准化；遗留问题则转入下一个 PDCA 循环去解决。具体包括巩固措施和下一步的打算两个步骤。

1.巩固措施

广东碳汇林质量管理中取得的成果，需要进一步巩固，以便能够使这些成绩得以继续保持，防止骄傲自满、沾沾自喜，同时还可以为国内其他地方碳汇林建设进行质量管理树立模范的作用。为了将广东碳汇林质量管理中的成绩进行巩固，可以采取以下措施。

（1）奖励

对做出贡献的相关人员给予奖励，奖励既可以是物质的，也可以是精神的，或者两者相结合。通过奖励达到鼓励先进，激励其他成员继续努力的目的。

（2）加强对成绩的宣传

通过对成绩的宣传，工作人员会对工作更加充满信心，知道工作中哪些是做得好的，哪些是做得差的。可以通过召开工作人员大会，就碳汇林质量管理中取得的成绩进行宣传；也可以将工作成

绩印成小册子，工作人员人手一册；还可以在项目区采用树立宣传牌、出动宣传车，或通过办墙报、刷写标语、印发通告和宣传资料等形式加强对成绩的宣传。

（3）制度化

将广东碳汇林质量管理过程中好的做法以制度的形式规定下来，形成标准，为以后的质量管理做到有章可循。

（4）惩罚

对广东碳汇林质量管理过程中出现的玩忽职守、不积极执行或者不按规章制度执行的做法，要予以惩戒，避免今后再出现这样的问题。

2. 处理未解决问题或新问题

通过对广东碳汇林质量管理计划实施情况的检查，发现有某些问题没有得到解决，或者原有的质量管理计划有不完善的地方，同时发现新的问题，这时候就要将这些问题转入下一个 PDCA 循环，通过不断地循环，对广东碳汇林的管理水平就能不断地提高，最终建设成高质量的碳汇林，使碳汇林的价值能够最大限度地得以实现。

六、本章小结

本章在上一章分析广东碳汇林价值实现的干扰因素的基础上，进一步分析了怎样最大限度地减少这些干扰因素的影响，尽可能地实现广东碳汇林的综合价值。广东碳汇林在管理过程中可以运用管理学中的 PDCA 循环理论来提高质量管理水平，通过制订、执行和检查广东碳汇林质量管理计划以及对检查情况进行处理这四个步骤，不断循环，提高广东碳汇林的管理水平，更好地实现碳汇林的价值。

第九章　结论与讨论

一、结论

中国政府在 2008 年至 2012 年的第一承诺期内虽然没有减排的义务，但是面对全球日益严峻的气候形势，中国政府面临的减排压力越来越大，在这样的背景下，国内开展了许多森林碳汇项目，营造了许多碳汇林，广东就是国内建设碳汇林的省份之一。本书以广东省为研究对象，采取实证分析与理论分析、典型调查与宏观分析、定量分析与定性分析等相结合的方法，对广东省碳汇林的碳汇价值、生态价值、经济价值和社会价值进行了全面、系统的计量和预测。在此基础上，进一步分析了制约广东省碳汇林综合价值实现的各种干扰因素，运用管理学中的 PDCA 循环理论提高广东碳汇林的管理水平，最大限度地减少干扰因素的影响。

本书的基本结论如下：

第一，从广东碳汇林建设现状出发，首先分析了广东碳汇林的特点。广东碳汇林是国内企业出于自愿行为营造的生态公益林，属于非京都规则项目。其次对广东碳汇林建设进行了总体评价，认为广东碳汇林建设是响应国际社会行动、地方林业生态建设和地方经济可持续发展的需要。它的发展主要有广东省政府的高度重视和雄厚的造林技术力量，其面临的挑战主要是碳汇林的管理能力需要进一步提高和森林火灾防控能力有待加强等。最后指出广东碳汇林必须抓住机遇和迎接挑战才能获得长足的进展。

第二，综合运用频度分析法、专家咨询法和层次分析法等，建立对广东碳汇林价值评价的指标体系，包括目标层、状态层、指标层 3 个层次和碳汇价值、生态价值、经济价值、社会价值四类，总计 19 个指标。状态层和指标层这些指标的权重通过采用层次分析法建立判断矩阵进行确定，状态层指标中碳汇价值、生态价值、经济价值和社会价值所占权重分别为 0.524、0.262、0.107 和 0.107；指标层指标在价值评价目标中的权重排在前三的分别是固定二氧化碳价值、木材生产价值和就业增加价值，其权重分别为 0.5240、0.08025 和 0.0486，占总权重的 0.65285。通过采用模糊数学中的隶属度赋值的思想将定性指标量化并赋值建立隶属度矩阵，对广东碳汇林宏观价值进行模糊评判，宏观价值评估的综合值为 81.62154，表明广东碳汇林所产生的价值是得到专家认可的，进行碳汇林建设具有生态和经济上的必要性。

第三，采用直接市场法、替代市场法和意愿调查法等方法，对广东碳汇林的综合价值进行计量，计量结果为，在 20 年的项目期内，广东碳汇林共计产生 219106.1 万元的总价值，其中碳汇价值为 207631.9 万元，生态价值为 11049.93 万元，经济价值为 395.15 万元，社会价值为 29.12 万元。

第四，运用干扰理论，分析了广东碳汇林的干扰因素，主要是自然干扰因素和人为干扰因素。自然干扰因素包括土壤养分低和树种结构不合理等内源性干扰和火灾、病虫害等外源性干扰；人为干扰因素来自林业局、护林员和公众三个方面，主要表现在林农参与意识差、护林员管护能力有待提高和造林模式单一等方面。

第五，基于对全书的分析，进一步探讨了广东省碳汇林综合价值实现的路径，运用管理学中的 PDCA 循环模型加强对广东碳汇林的质量管理，最大限度地降低干扰因素的影响。

二、本书的创新之处

第一，本书构建的广东碳汇林综合价值评价指标体系，是对以往研究的继承和开拓，既有对广东省碳汇林的针对性，也能够为评价国内其他碳汇林提供借鉴。

第二，首次针对广东碳汇林的碳汇价值、生态价值、经济价值和社会价值进行了较为全面、系统的计量评估，为广东省制定相关决策提供了参考依据。

第三，针对广东碳汇林的干扰因素，运用管理学全面质量管理中的 PDCA 循环理论提高广东碳汇林建设的管理水平，避免这些因素的干扰。

三、不足与展望

碳汇林的价值评价是一个新生的事物，关于碳汇林价值评价目前尚未形成统一的方法与参数。本书参考大量文献资料，运用多种方法对广东碳汇林的综合价值进行计量，但是由于资料数据获得的难度、研究方法和技术手段的限制，评估结果不可能实现完全准确。

本书对于碳汇林价值实现途径的研究，借鉴了管理学中的理论，尽管对于碳汇林价值的实现具有一定的开拓性，但是对于碳汇林管理的研究尚不够系统。

参考文献

一、中文文献

[1]高岚.森林资源评价理论与方法研究[M].北京：中国林业出版社，2006.

[2]侯元兆.森林环境价值核算[M].北京：中国科学技术出版社，2002.

[3]侯元兆.中国森林资源核算研究[M].北京：中国林业出版社，1995.

[4]中国森林资源核算及纳入绿色GDP研究组.绿色国民经济框架下的中国森林核算研究[M].北京：中国林业出版社，2010.

[5]李金昌.生态价值论[M].重庆：重庆大学出版社，1999.

[6]李怒云.中国林业碳汇[M].北京：中国林业出版社，2007.

[7]吕学都，刘德顺.清洁发展机制在中国：采取积极和可持续的方式[M].北京：清华大学出版社，2005.

[8]马军海.管理统计基础[M].天津：天津大学出版社，2005.

[9]农业农村部发展计划司，等.农业项目经济评价实用手册

［M］．2 版．北京：中国农业出版社，1999．

［10］魏殿生，徐晋涛，李怒云．造林绿化与气候变暖——碳汇问题研究［M］．北京：中国林业出版社，2003．

［11］王浩．水生环境价值与保护政策［M］．北京：清华大学出版社，2004．

［12］中国可持续发展林业战略研究组．中国可持续发展林业战略研究［M］．北京：中国林业出版社，2003．

［13］迪克逊，等．扩展衡量财富的手段［M］．张坤民，等译．北京：中国环境科学出版社，1998．

［14］罗杰·珀曼，马越，詹姆斯·麦吉利夫雷，等．自然资源与环境经济学［M］．侯元兆，等译．北京：中国经济出版社，2002．

［15］迈里克·弗里曼．环境与资源价值评估——理论与方法［M］．曾贤刚，译．北京：中国人民大学出版社，2002．

［16］J．A．麦克尼利，K.R．米勒，W．V．瑞德，等．保护世界的生物多样性［M］．薛达元，王礼嫱，周泽江，等译．北京：中国环境出版社，1991．

［17］周晓峰．中国森林与生态环境［M］．北京：中国林业出版社，1999．

［18］张颖．绿色 GDP 核算的理论与方法［M］．北京：中国林业出版社，2004．

［19］张颖．绿色核算［M］．北京：中国环境出版社，2001．

［20］张颖．中国森林生物多样性评价［M］．北京：中国林业出版社，2002．

［21］中国生物多样性国情研究报告［M］．北京：中国环境科

学出版社，1998.

[22]陈乃玲，聂影.南京城市森林生态价值经济分析[J].南京林业大学学报，2007，31（5）.

[23]陈志云，林媚珍，许阳平，等.梅州森林生态系统服务价值评估[J].中南林业科技大学学报，2010（11）.

[24]陈红林，曹健，黄发新，等.提高木材碳汇的林木育种技术初探[J].湖北林业科技，2008（6）.

[25]方精云.北纬中高纬度的森林碳库可能远小于目前的估算植物[J].生态学报，2000，24（5）.

[26]方精云，陈安平，赵淑清，等.中国森林生物量的估算：Fang等Science一文（Science，2001，291：2320-2322）的若干说明[J].植物生态学报，2002，26（2）.

[27]方精云，陈安平.中国森林植被碳库的动态变化及其意义[J].植物学报，2001，43（9）.

[28]方精云，刘国华，徐篙龄.我国森林植被的生物量和净生产量[J].生态学报，1996，15（5）.

[29]龚亚珍，李怒云.中国林业碳汇项目的需求分析与设计思路[J].林业经济，2006（6）.

[30]顾凯平，张坤，张丽霞.森林碳汇计量方法的研究[J].南京林业大学学报，2008，32（5）.

[31]高伟，韩孟孟，辛秀，等.干扰理论及其对森林资源的影响[J].中国城市林业，2009（5）.

[32]何英.森林固碳估算方法综述[J].世界林业研究，2005，18（1）.

[33]何宇，章升东.林业碳汇：你知道多少？[J].中国林业，2008（9）.

[34]韩素芸，田大伦，闫文德，等.湖南省主要森林类型生态服务功能价值评价[J].中南林业科技大学学报，2009，29（6）.

[35]黄方，张合平，陈遐林.湖南主要森林类型碳汇功能及其经济价值评价[J].广西林业科学，2007，36（1）.

[36]黄方.森林碳汇的经济价值[J]广西林业，2006（5）.

[37]金巍，文冰，秦钢.林业碳汇的经济属性分析[J].中国林业经济，2006（04）.

[38]姜文来，罗其友.区域农业资源可持续利用系统评价模型[J].经济地理，2000，20（3）.

[39]康惠宁，马钦彦，袁嘉祖.中国森林碳汇功能基本估计[J].应用生态学报，1996，7（3）.

[40]刘元直.关于森林社会效益价值核算的探讨[J].内蒙古林业调查设计，2007，30（5）.

[41]林媚珍，马秀芳，杨木壮，等.广东省1987年至2004年森林生态系统服务功能价值动态评估[J].林业科学，2009，31（6）.

[42]李智勇.全球人工林发展中值得注意的几个热点问题[J].世界林业研究，2000（1）.

[43]李意德.我国热带天然林植被碳贮存的估算[J].林业科学研究，1999，11（2）.

[44]李志恒，张一平.陆地生态系统物质交换模型[J].生态学杂志，2008，27（7）.

[45]李小川，李兴伟，王振师，等.广东森林火灾的火源特点

分析［J］.中南林业科技大学学报，2008（28）.

［46］李政海，田桂，鲍雅.生态学中的干扰理论及其相关概念［J］.内蒙古大学学报（自然科学版），1997，28（1）.

［47］李意德，曾庆波，吴仲民，等.我国热带天然林植被碳贮存量的估算［J］.林业科学研究，1998，11（2）.

［48］李怒云，宋维明.气候变化与中国林业碳汇政策研究综述［J］.林业经济，2006（5）.

［49］李怒云，宋维明，章升东.中国林业碳汇管理现状与展望［J］.绿色中国，2005（3）.

［50］李荣，等.糯扎渡自然保护区森林资源碳汇能力评价［J］.环境科学导刊，2008，27（3）.

［51］李晓曼，康文星.广州市城市森林生态系统碳汇功能研究［J］.中南林业科技大学学报，2008，28（2）.

［52］李秀娟，周涛，何学兆.NPP增长驱动下的中国森林生态系统碳汇［J］.自然资源学报，2009（3）.

［53］刘允芬，宋霞，孙晓敏，等.千烟洲人工针叶林CO_2通量季节变化及其环境因子的影响［J］.中国科学（D辑·地球科学），2004（S2）.

［54］刘国华，傅伯杰，方精云.中国森林碳动态及其对全球碳平衡的贡献［J］.生态学报，2000，20（5）.

［55］茅于轼，唐杰.商品林业发展中的产权和税费问题［J］.管理世界，2002（7）.

［56］彭坷珊.中国西部沙漠化与沙尘风暴问题探讨林业调查规划［J］.2001，126（4）.

[57]潘杰义，刘西林.设计统计指标体系的原则探讨［J］.西北工业大学学报（社会科学版），2003（2）.

[58]邱建生，张彦雄，陈景艳，等.中国林业碳汇的发展现状及趋势综述［J］.贵州林业科技，2010（1）.

[59]靳芳，鲁绍伟，余新晓，等.中国森林生态系统服务功能及其价值评价［J］.应用生态学报，2005，16（8）.

[60]乔光华，王海春.草原生态系统服务功能的价值评估［J］.内蒙古财经学院学报，2004（2）.

[61]邱威，姜志德.我国森林碳汇市场构建初探［J］.世界林业研究，2008（3）.

[62]沈文清，刘允芬，马钦彦，等.千烟洲人工针叶林碳素分布、碳贮量及碳汇功能研究［J］.林业实用技术，2006（8）.

[63]孙景翠，岳上植.国有林区森林社会效益评价指标体系研究［J］.林业经济，2009（6）.

[64]田育新，李锡泉，蒋丽娟，等.湖南一期长防林碳汇量及生态经济价值评价研究［J］.水土保持研究，2004，11（1）.

[65]田石磊，廖超英，王小翠，等.蓝田县森林生态系统服务价值的评价［J］.西北农林科技大学学报（自然科学版），2009，37（5）.

[66]田晓筠，李永启，刘继新.树木直径和树高生长的GAM模型［J］.林业科技，2005，30（3）.

[67]魏斌.生态学中的干扰理论与应用实例［J］.生态学杂志，1996，15（1）.

[68]汪传佳.重视CDM造林再造林项目建设［J］.浙江林业，2006（2）.

[69]王效科，冯宗炜.中国森林生态系统中植物固定大气碳的潜力[J].生态学杂志，2000，19（4）.

[70]王文杰，祖元刚.基于涡度协方差法和生理生态法对落叶松林 CO_2 通量的初步研究[J].植物生态学报，2007，31（1）.

[71]王华章，刘文祥.谈碳汇造林项目[J].林业勘察设计，2008，147（3）.

[72]王连茂，尚新伟.香山公园森林游憩效益的经济评价[J].林业经济，1993（3）.

[73]吴楚材，邓金阳，李世东.张家界国家森林公园憩效益经济评价的研究[J].林业科学，1992，28（5）.

[74]薛春泉，叶金盛，杨加志，等.广东省阔叶林生物量的分布规律研究[J].华南农业大学学报，2008（1）.

[75]许信旺.安徽省森林生态系统服务价值评价[J].资源开发市场，2005，21（2）.

[76]相震.碳减排问题刍议[J].环境科技，2009，22（1）.

[77]向会娟，曹明宏.森林生态效益价值的评估计量[J].安徽农业科学，2005，33（11）.

[78]闫学金，傅国华.海南森林碳汇量初步估算[J].热带农业，2008，36（2）.

[79]闫淑君，洪伟.森林碳汇项目产权界定与价值评估的有关问题探讨[J].林业工作研究，2003（12）.

[80]余昌森.全球化背景下的国家环境安全——访环境保护部汪纪戎副局长[J].中国党政干部论坛，2002，（2）

[81]余翔华.江西省生态公益林服务价值评价及其空间分布[J].江西林业科技，2009（1）.

[82] 余新晓, 鲁绍伟, 靳芳. 中国森林生态系统服务功能价值评估团 [J]. 生态学报, 2005, 25 (8).

[83] 杨洪晓, 吴波, 张金屯, 等. 森林生态系统的固碳功能和碳储量研究进展 [J]. 北京师范大学学报 (自然科学版), 2005, 41 (2).

[84] 杨斯导, 曾庆峰, 张月维, 等. 广东省森林火灾现状与趋势分析 [J], 森林防火, 2007 (3).

[85] 张焱, 张锐. 基于干扰理论的企业衰败机理研究 [J]. 科技管理研究, 2005 (9).

[86] 曾庆峰. 广东省森林火灾情况的空间分布特征和聚类分析 [J]. 2009 (4).

[87] 赵同谦, 欧阳志云, 郑华, 等. 中国森林生态系统服务功能及其价值评价 [J]. 自然资源学报, 2004, 19 (4).

[88] 赵海珍, 王德艺, 张景兰, 等. 雾灵山自然保护区森林的碳汇功能评价 [J]. 河北农业大学学报, 2001, 24 (4).

[89] 谌小勇, 彭元英, 张昌建, 等. 亚热带两类森林群落产量结构及生产力的比较研究 [J]. 中南林学院学报, 1996, 16 (1).

[90] 周莉荫, 严员英, 王贺礼. 造林与再造林碳汇项目概述 [J]. 江西能源, 2007 (3).

[91] 钟昌福, 万志芳. 森林社会效益内涵界定分析 [J]. 中国林业, 2006 (5).

[92] 张钦云. 盈江县主要森林类型碳汇功能及其固碳价值评价 [J]. 山东林业科技, 2009, 184 (5).

[93] 张雄, 张合平, 刘聪. 湖南主要针叶林类型乔木层碳汇功

能及其经济价值估算［J］.安徽农学通报，2009，15（10）.

［94］张颖.森林社会效益价值评价研究综述［J］.世界林业研究，2009（3）.

［95］陈遐林.华北主要森林类型的碳汇功能研究［D］.北京：北京林业大学，2002.

［96］李建华.碳汇林的交易机制、监测及成本价格研究［D］.南京：南京林业大学，2008.

［97］李怡.沿海防护林体系综合效益评价及其实现路径研究［D］.北京：北京林业大学，2010.

［98］国家林业和草原局政策法规司.碳交换机制和公益林补偿研讨会论文汇编［G］.北京：中国林业出版社，2003.

［99］涂慧萍.对森林碳汇及在广东试点的思考［G］//国家林业和草原局政策法规司.碳交换机制和公益林补偿研讨会论文汇编.北京：中国林业出版社，2003.

［100］翟中齐.森林生态经济当论［G］//中国生态经济学会.中国生态经济问题研究.杭州：浙江人民出版社，1985.

二、外文文献

［1］PEARSON D, MORAN D. The Economic Value of Biodiversity, IUCN［M］. London : Earthscan Publication Ltd.，1994.

［2］HOU Y Z, ZHANG P C, WANG Q. The Study of Accounting of Forest Resource［M］. Beijing : China Foresttry Press, 1995.

［3］IPCC. Climate Change 2007: Mitigation. of Cbimate Change［M］//METZ B，DAVIDSON O，BOSCH P R，et al. Contribution of Working Group III to the Fourth Assessment Report of the Intergovernmental Panel on Climate Change. Cambridge，United Kingdom and New York，NY，USA : Cambridge University Press，2007.

［4］Chang H P，Michael J. Contribution of China to the global cycle since the last glacial maximum Reconstruction from palaeovegetation maps and an empirical biosphere model［J］. Tellus，1997，49（B）.

［5］CLAESSENS M . A dead end in 30 years［J］. RTD info，Magazine on European Research，2003（39）.

［6］DIXON R K，BROWN S，HOUGHTON R A，et al. Carbon Pools and Flux of Global Forest Ecosystems［J］. Science，1994，26（3）.

［7］FOLEY J A. An Equilibrium model of the terrestrial carbonbudget［J］. Tellus，1995，47.

［8］DUDEK D J，WINAR J B. Joint implementation，transaction costs，and climate change，organization for economic co-operation and development［R］. Paris : OECD/GD，1996.

附录 1 碳汇林建设区县调查

调查地区信息				
地 名		市	县（区）	

调查员信息				
姓 名		电子信箱		手机号码

表 1 基本情况

年份	人口（万人）			地区 GDP（万元）		人均年收入（元）			人均消费支出（元）		
	总人口	农业人口	非农人口	总产值	林业产值	人均	农村人均年收入	城镇人均年收入	人均	农村人均年消费	城镇人均年消费
2008											
2009											
2010											

表2　碳汇林工程投资情况

造林类型	面积（公顷）	项目（单位：元／公顷）					
		抚育人工费	整地	苗木	栽植	基肥	当年追肥
中下坡水源涵养林							
环造林带防火林带							
上坡水土保持林							

表3　碳汇林营造物质需求情况

造林类型	面积（公顷）	苗木（株）				土杂肥（吨）	
		红锥	火力楠	木荷	黎蒴	基肥	追肥
上坡水土保持林							
中下坡水源涵养林							
环造林带防火林带							

215

表4 碳汇林工程管理情况

年份	管理机构（名称）	管理部门人员情况			碳汇林工程经费支出情况		
		工作人数（人）	平均工资（元/月）	平均年龄	管理费用（元/年）	培训费用（元/年）	其他费用（元/年）
2008							
2009							
2010							

表5 主观性问题

序号	问题	回答
1	您觉得目前民众（农民）对实施碳汇林工程的态度如何，有何体现？	
2	您认为影响民众参与碳汇林工程建设的因素有哪些？	
3	您认为影响民众干扰破坏碳汇林的因素有哪些？	
4	您认为采取哪些措施能够调动民众建设碳汇林的积极性？	
5	从本地实际情况出发，您认为对碳汇林工程的投入力度是否足够？	
6	采取哪些保障措施能够确保碳汇林工程的顺利实施？	
7	您认为碳汇林的管理中存在哪些问题？	
8	碳汇林的土地是通过何种方式取得的？	

附录2　碳汇林建设公众调查表

尊敬的女士/先生：

　　您好！我们正在进行一项有关碳汇林建设管理的调查研究，很想听一听您的宝贵意见，您的家庭被随机抽中作为调查对象，希望您从百忙之中抽出一点时间来帮助我们完成这项工作，您填写的资料会受到《中华人民共和国统计法》保护，将严格保密不向外泄漏。

　　谢谢您的合作！

表1　个人信息背景

来源地	性别	户口	年龄	文化程度	姓氏	工作性质	主要收入来源	年收入水平
□本地 □外地	□男 □女	□农村 □城镇	□青少年 □中年 □老年	□小学及以下 □中学 □大学及以上	□丘 □曾 □罗 □邹 □叶 □其他	□政府部门 □企事业单位 □科研单位/高校 □其他	□工资 □种植业 □渔业/养殖业 □其他	□10万以上 □5万~10万 □1万~5万 □1万以下

表 2 碳汇林认知度调查

序号	问题	选项
1	您对碳汇林建设的了解程度是怎样的？	□相当熟悉；□不太了解；□完全不了解
2	您知道碳汇林树种的构成吗？	□知道红锥；□知道火力楠；□知道木荷；□知道黎蒴；□不太清楚
3	您的了解渠道来自哪里？	□媒体；□网络；□报纸杂志；□其他
4	您认为碳汇林的重要性是怎样的？	□非常重要；□一般；□一点也不重要
5	您认为碳汇林最重要的功能是什么？	□防止自然灾害；□涵养水源；□保护生物；□防止风沙；□保护农田；□生产木材；□净化环境；□释放氧气；□其他
6	您去过有碳汇林的地方吗？	□有；□从来没有
7	如果去过，是出于什么目的去的？	□旅游；□科研；□投资考察；□其他
8	如果去过，您为此支付了多少费用？	□500 元以上；□ 100~500 元；□ 50~100 元；□ 50 元以下
9	是否愿意为建设和保护碳汇林支付一定费用？	□愿意；□不愿意
10	以您的实际能力，您每年愿意支付多少？	□ 1000 元以上；□ 500~1000 元；□ 100~500 元；□ 100 元以下
11	不愿意进行支付的原因是什么？	□没有能力；□和本人没有关系；□应由政府支付
12	您愿意选择的支付形式是什么？	□纳税；□现金捐赠；□其他
13	您知道碳汇林的造林类型吗？	□知道上坡水土保持林；□知道中下坡水源涵养林；□知道环造林地防火林带；□不太清楚
14	在您的地区种植碳汇林后，您认为您自己的日常生活愉快吗？	□不愉快；□较不愉快；□一般；□较愉快；□非常愉快

序号	问题	选项
15	您认为碳汇林的建设对您有影响吗?	□无影响;□轻微影响;□比较严重;□很严重

表3 碳汇林利用情况

序号	问题	选项
1	相对投入和收益损失而言,现有碳汇林建设资金是否足够?	□完全够;□有多少干多少;□完全不够
2	如果有条件,您是否愿意参与碳汇林的建设?	□愿意;□不愿意
3	本地区的土地何种用途的投资回报最高?	□水产养殖;□农业生产;□经济林种植;□用材林种植;□旅游开发;□其他
4	如果没有政府管制和补偿,是否会将林地转换为其他?	□肯定会;□不太确定;□不会
5	如果允许,您会对碳汇林地选择何种用途?	□水产养殖;□耕地;□经济林种植;□用材林种植;□建房搞旅游;□其他
6	本地区碳汇林区何种经济活动的收益最高,每亩地最高值是多少?	□挖塘养殖;□采伐林木;□采砂采矿;□挖掘捕捞;□放养牲畜;□旅游开发;□其他 □ 500 元以下;□ 500~1000 元;□ 1000~1500 元;□ 1500~2000 元;□ 2000~2500 元;□ 2500 元以上
7	您会经常对碳汇林薪材进行利用吗?	□经常会;□偶尔会;□完全不会
8	您认为您能从碳汇林的建设中得到利益吗?	□能;□不能

表4 意见与建议

序号	问题	选项
1	您认为在现在的碳汇林建设中，存在什么问题？	
2	您认为在现在的碳汇林管理中，存在什么问题？	
3	您对建设管理碳汇林有什么意见？	
4	通过本次调查，您是否增加对碳汇林的关注？	

附录3 广东碳汇林价值评价指标征询表（A）

尊敬的专家：

您好！

2008 年中国绿色碳基金会出资在广东龙川县和汕头潮阳区共投资 300 万元，在 400 公顷的荒山上植树造林，该项目的主要目的是吸收二氧化碳，改善当地环境。本研究将出于上述目的而造的森林称为碳汇林。

本研究欲构建广东碳汇林价值评价的指标体系，该指标体系由三个层次构成，第一层为目标层，第二层为状态层，第三层为指标层。鉴于您在该领域的地位，望您能够根据您的专业与实践知识以及随表附上的其他资料，为本研究的预选指标做出重要性判断及合理的筛选。您的高见将成为本研究指标体系确立的重要依据。您所提供的意见仅做学术研究分析所用，绝不牵涉任何权益问题，敬请真实填答。本研究所需要的咨询——填答问卷共 2 次，请根据您的判断，做出第一次回复，即依指标的重要性程度，以"非常不重要 1 分、不重要 2 分、一般 3 分、重要 4 分、非常重要 5 分"，在"重要性程度"一列进行打分，并填写您的有关意见。

在此衷心感谢您的参与和支持！

意见：

（1）针对广东碳汇林的具体情况或数据收集的可行性，您认为表中所提出的预选指标合理吗？

A. 合理 B. 基本合理 C. 不合理

（2）如存在不合理之处，您认为应如何进行改进（添加或删除哪些指标）？

本次问卷填答到此结束，为防止造成废卷，请再逐题检查是否遗漏，再次谢谢您的合作！

表1　广东碳汇林价值评价预选指标

目标层	状态层	指标层	重要性程度
广东碳汇林价值评价	碳汇价值	固定二氧化碳价值	
	生态价值	调节水量价值	
		净化水质的价值	
		固土的价值	
		保肥的价值	
		释放氧气的价值	
		吸收二氧化硫的价值	
		吸收氟化物价值	
		吸收氮氧化物价值	
		阻滞粉尘的价值	
		降低噪音的价值	
		杀菌抑菌的价值	
		调节温度的价值	
		调节湿度的价值	
		物种多样性价值	
	经济价值	活立木生产价值	
		林地价值	
		薪炭材价值	
		各种林副产品价值	

续表

目标层	状态层	指标层	重要性程度
广东碳汇林价值评价	社会价值	游憩价值	
		保健价值	
		景观美学价值	
		自然文化遗产价值	
		科研教育价值	
		就业增加价值	
		投资环境改善价值	

附录4 广东碳汇林价值评价指标征询表（B）

尊敬的专家：

您好！

感谢您抽出宝贵的时间再次填写此表！根据德尔菲法，我们将专家第一轮反馈的问卷做了统计处理，根据专家意见列出了新的指标体系，请您再次做出评判。您所提供的意见仅做学术研究分析所用，绝不牵涉任何权益问题，敬请真实填答。如蒙厚爱并参与，请根据您的判断，做出第一次回复，即依指标的重要性程度，以"非常不重要1分、不重要2分、一般3分、重要4分、非常重要5分"，在"重要性程度"一列进行打分，并填写您的有关意见。

在此衷心感谢您的参与和支持！

意见：

（1）针对广东碳汇林的具体情况或数据收集的可行性，您认为表中所提出的预选指标合理吗？

A. 合理 B. 基本合理 C. 不合理

（2）如存在不合理之处，您认为应如何进行改进（添加或删除哪些指标）？

本次问卷填答到此结束，为防止造成废卷，请再逐题检查是否遗漏，再次谢谢您的合作！

表1 广东碳汇林价值评价预选指标

目标层	状态层	指标层	重要性程度
广东碳汇林价值评价	碳汇价值	固定二氧化碳价值	
	生态价值	调节水量价值	
		净化水质的价值	
		固土的价值	
		保肥的价值	
		释放氧气的价值	
		吸收二氧化硫的价值	
		吸收氟化物价值	
		吸收氮氧化物价值	
		阻滞粉尘的价值	
		降低噪音的价值	
		调节温度的价值	
		调节湿度的价值	
		物种多样性价值	
		积累营养物质	
	经济价值	活立木生产价值	
		薪炭材价值	
广东碳汇林价值评价	社会价值	游憩价值	
		景观美学价值	
		科研教育价值	
		就业增加价值	
		企业形象价值